麻薬探知犬アーク
ぼくたちが日本の子供を守る!

桑原《くわばら》崇寿《たかし》

ハート出版

●アーク号/1997年7月10日生まれ/名前の由来:ノアの箱舟《はこぶね》

●もくじ

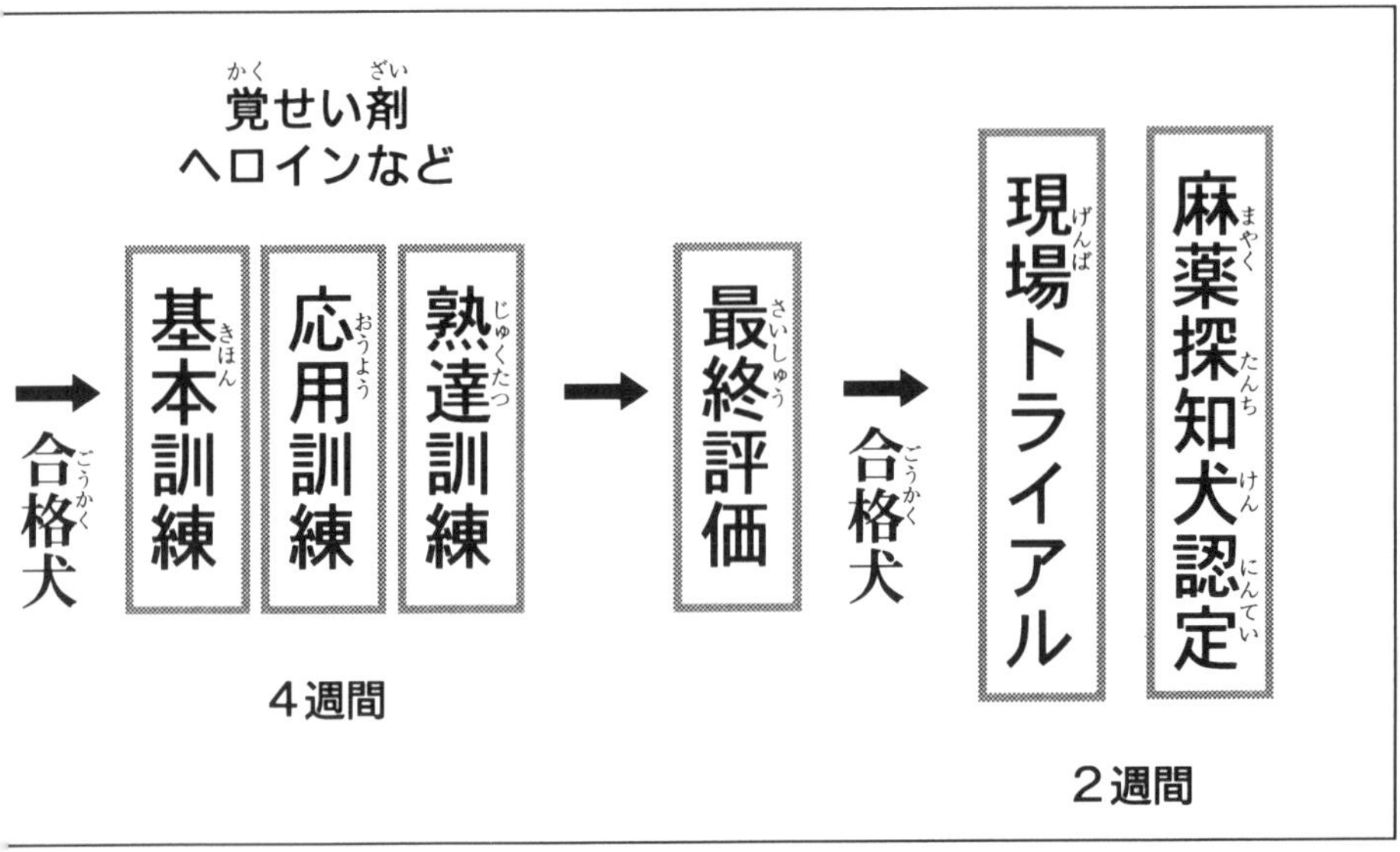

覚《かく》せい剤《ざい》
ヘロインなど
合格犬《ごうかく》
基本訓練《きほん》
応用訓練《おうよう》
熟達訓練《じゅくたつ》
4週間
最終評価《さいしゅう》
合格犬《ごうかく》
現場《げんば》トライアル
麻薬探知犬認定《まやくたんちけんにんてい》
2週間

麻薬探知犬が誕生《たんじょう》するまでの流《なが》れ

訓《くん》練《れん》所《じょ》 → 候補《こうほ》犬 → 馴致《じゅんち》訓練 → 基本《きほん》訓練 応用《おうよう》訓練 熟達《じゅくたつ》訓練 → 中間評価《ちゅうかんひょうか》

大麻類《たいまるい》

4週間《しゅうかん》　8週間

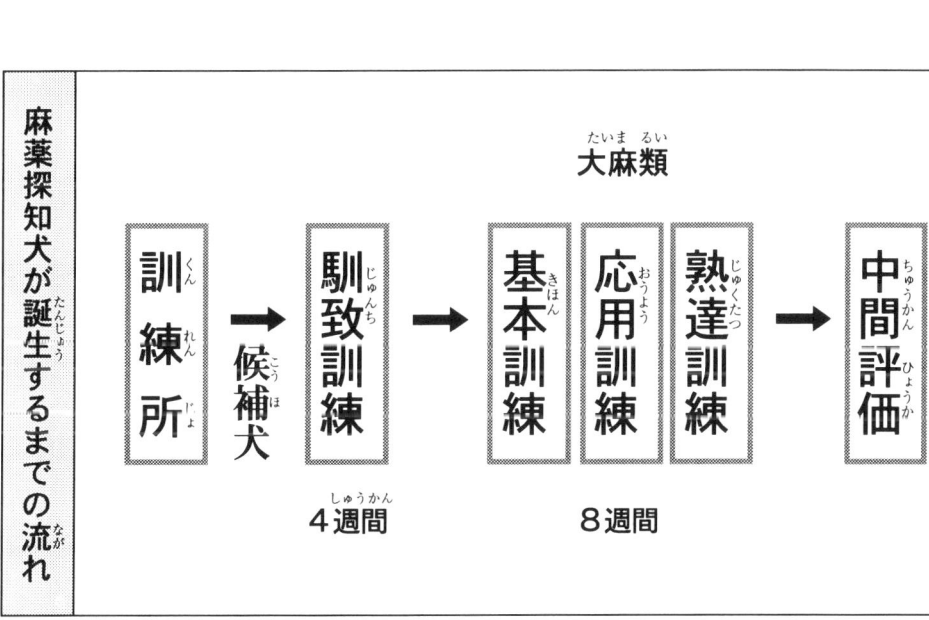

1 アーク誕生《たんじょう》

一九九七年《ねん》七月十日《がつとおか》、宮城県亘理郡亘理町《みやぎけんわたりぐんわたりちょう》にある警察犬大場訓練所《けいさつけんおおばくんれんじょ》――。

まだ朝《あさ》の六時少《じすこ》し前《まえ》のことです。この訓練所《くんれんじょ》にいる犬《いぬ》のお産《さん》が始《はじ》まりました。犬《いぬ》の種類《しゅるい》はラブラドールで、三十キロ近《ちか》い体重《たいじゅう》になる大《おお》きな犬《いぬ》です。

「がんばれ、もっと力《ちから》をいれるんだ。そうそう」

「いい子《こ》、いい子《こ》、もうじきお母《かあ》さんになれるよ」

犬舎《けんしゃ》の横《よこ》にある訓練士《くんれんし》の部屋《へや》のすみで、所長《しょちょう》の大場伸昭《おおばのぶあき》さんとベテランの女性訓練《じょせいくんれん》士《し》の佐藤《さとう》さんが、〃産箱《さんばこ》〃とよばれるお産《さん》の箱《はこ》を、のぞきこんでいます。毛布《もうふ》が敷《し》かれた箱《はこ》の中《なか》には、うす茶色《ちゃいろ》をした母犬《ははいぬ》が体《からだ》を横《よこ》たえています。

このような警察犬訓練所《けいさつけんくんれんじょ》は全国《ぜんこく》に１６５ヶ所《しょ》ほどある

横《よこ》たわった母犬《ははいぬ》のお腹《なか》は、大《おお》きな風船《ふうせん》を飲《の》みこんだようにふくれ、犬《いぬ》は長《なが》い舌《した》を出《だ》して苦《くる》しそうにあえいでいます。大場《おおば》さんと佐藤《さとう》さんは昨夜《さくや》からずっとつきっきりでした。

ふたりの足元《あしもと》には、お湯《ゆ》の入《はい》った洗面器《せんめんき》とタオル、ガーゼや糸《いと》などがプラスチックの入《い》れ物《もの》に用意《ようい》してあります。お産《さん》に備《そな》えての用具《ようぐ》です。

母犬《ははいぬ》がとつぜん立《た》ち上《あ》がり、毛布《もうふ》の上《うえ》でぐるぐると回転《かいてん》しました。

ヒィッ、ヒィッ、クウウ……

不安《ふあん》に満《み》ちた目《め》を大場《おおば》さんや佐藤《さとう》さん

に向《む》けながら、小《ちい》さく鳴《な》いたかと思《おも》うと、再《ふたた》び毛布《もうふ》の上《うえ》に横《よこ》たわりました。

「苦《くる》しいのよね」

佐藤《さとう》さんがやさしく母犬《ははいぬ》の背中《せなか》をさすってやりました。

「犬《いぬ》はかんたんにお産《さん》をするから、安産《あんざん》のお守《まも》りだなんて人間《にんげん》は勝手《かって》に昔《むかし》から言《い》ってるけど、ウソだな。こんなに長《なが》い時間苦《じかんくる》しむんだから。それに七頭《とう》も八頭《とう》もいっぺんに産《う》むんだから……」

大場《おおば》さんも犬《いぬ》の頭《あたま》をやさしくなでます。

母犬《ははいぬ》が急《きゅう》に息《いき》を止《と》めました。体《からだ》の中《なか》から突《つ》き上《あ》げてくる痛《いた》みと闘《たたか》っているのです。

ウグッ……

低《ひく》いうめき声《ごえ》を上《あ》げながら、頭《あたま》を毛布《もうふ》の上《うえ》に置《お》くと、二度《ど》、三度《ど》と、もがくように頭《あたま》をふりました。

お産《さん》が始《はじ》まったのです。

両目《りょうめ》を大《おお》きく見開《みひら》いた犬《いぬ》がとつぜん、キャンと悲鳴《ひめい》を上《あ》げました。

「よし、生《う》まれるぞ」

大場《おおば》さんが大《おお》きな声《こえ》を上《あ》げました。

犬《いぬ》の後《うし》ろ足《あし》の間《あいだ》から、うすいビニールのような袋《ふくろ》につつまれた子犬《こいぬ》が、一頭《とう》出《で》てきました。大《おお》きさはネズミくらいです。

母犬《ははいぬ》は首《くび》をサッと持《も》ち上《あ》げると、口《くち》でそのうすい袋《ふくろ》をやぶり、ぬれている子犬《こいぬ》の体《からだ》をペロペロとなめて、歯《は》で、へそのおを切《き》りました。

「女《おんな》の子《こ》だわ」

なめ終《お》わった子犬《こいぬ》を、佐藤《さとう》さんがそっと抱《だ》き上《あ》げます。

大場《おおば》さんがタオルを佐藤《さとう》さんに手渡《てわた》すと、佐藤《さとう》さんはやさしく子犬《こいぬ》の体《からだ》をふいてやります。

三十分後《ぷんご》、こんどもメスの子犬《こいぬ》が生《う》まれました。そして四十分《ぷん》、二十分《ぷん》、三十分《ぷん》、十五分《ふん》……と、次々《つぎつぎ》にかわいい子犬《こいぬ》が生《う》まれました。

お産《さん》が始《はじ》まってから、すでに四時間《じかん》がたっていました。子犬《こいぬ》はぜんぶで六頭《とう》のようです。どの子犬《こいぬ》もタオルで体《からだ》をふいてもらい、すぐ、母犬《ははいぬ》のお乳《ちち》を元気《げんき》に飲《の》み始《はじ》めました。

「あー、よかったですね、所長《しょちょう》。みんな無事《ぶじ》で」

「うん、よかったよかった。ひと休《やす》みしよう、佐藤君《さとうくん》」

大場《おおば》さんと佐藤《さとう》さんが犬《いぬ》のそばから離《はな》れたその時《とき》、母犬《ははいぬ》が静《しず》かに体《からだ》を反転《はんてん》させ、下腹《したばら》を上《うえ》に向《む》けました。すると、毛布《もうふ》の上《うえ》にはすでに子犬《こいぬ》が出《で》ています。七頭目《とうめ》です。

母犬《ははいぬ》がへそのおをかみ切《き》ろうとするのですが、うまくいきません。

「佐藤君《さとうくん》、たいへんだ。首《くび》にへそのおが巻《ま》きついてる」

「切《き》りましょう、ハサミで」

すかさず佐藤《さとう》さんは、消毒《しょうどく》したハサミと絹糸《きぬいと》を大場《おおば》さんに手渡《てわた》しました。

へそのおはきつく首《くび》にまきついていて、子犬《こいぬ》はピクリとも動《うご》きません。

佐藤《さとう》さんが、首《くび》にまきついたへそのおを、はずしました。

「死《し》ぬかもしれないな、この子《こ》」

大場《おおば》さんは、へそのおの、腹《はら》から二センチくらいのところを、絹糸《きぬいと》でクルクルと二回《かい》ほどまいて固《かた》くしばりました。そして、へそのおをハサミで切《き》りました。

佐藤《さとう》さんはぐったりした子犬《こいぬ》を、頭《あたま》を下《した》に向《む》けてゆさぶりました。そして毛布《もうふ》の上《うえ》に置《お》いて背中《せなか》をマッサージしました。しかし、ピクリとも動《うご》きません。

「だめかな」

大場《おおば》さんが低《ひく》い声《こえ》でつぶやきました。

佐藤《さとう》さんは子犬《こいぬ》の体《からだ》をあお向《む》けにして、胸《むね》を押《お》して人工呼吸《じんこうこきゅう》を続《つづ》けました。その時《とき》、子犬《こいぬ》の鼻《はな》が小《ちい》さくヒク、ヒクと動《うご》きました。のびきっていた首《くび》が左右《さゆう》にふられ、同時《どうじ》に四本《ほん》の足《あし》がキューッと力強《ちからづよ》く動《うご》き始《はじ》めました。

「よかったあ……」

佐藤《さとう》さんは、両手《りょうて》の中《なか》でモソモソと動《うご》きだした子犬《こいぬ》に、ほほをすり寄《よ》せました。額《ひたい》には玉《たま》のような汗《あせ》が浮《う》いています。

「所長《しょちょう》、この子《こ》、助《たす》かってよかったですね」

子犬《こいぬ》にほほをすり寄《よ》せたまま目《め》を閉《と》じた佐藤《さとう》さんが、小《ちい》さな声《こえ》で言《い》いました。子犬《こいぬ》の体《からだ》から、プンと独特《どくとく》のにおいがただよってきます。

「あら、この子《こ》、男《おとこ》の子《こ》ですよ。たった一頭《とう》だわ」

佐藤《さとう》さんの手《て》の中《なか》であお向《む》けにされた子犬《こいぬ》には、かわいいオチンチンがついていました。

「メス六頭《とう》に、オス一頭《とう》か」

四本《ほん》の足《あし》をさかんに動《うご》かし始《はじ》めた子犬《こいぬ》を見ながら大場《おおば》さんが言《い》いました。

2 むじゃきな子犬《こいぬ》たち

七頭《とう》の子犬《こいぬ》たちは、母犬《ははいぬ》のお乳《ちち》を毎日《まいにち》たっぷり飲《の》みながら元気《げんき》に育《そだ》っていきます。

佐藤《さとう》さんは母犬《ははいぬ》の犬舎《けんしゃ》を掃除《そうじ》したりエサを与《あた》える時《とき》はもちろんのこと、ちょっと外《そと》の仕事《しごと》で体《からだ》があいた時《とき》は、子犬《こいぬ》たちを一頭《とう》ずつ抱《だ》き上《あ》げて、健康《けんこう》に育《そだ》っているかをチェックします。

子犬《こいぬ》は人間《にんげん》の赤《あか》ちゃんと同《おな》じように、病気《びょうき》やいろいろなばい菌《きん》によって体《からだ》が弱《よわ》ったり、時《とき》には死《し》んでしまったりすることがあるので、世話《せわ》をする人《ひと》は大変《たいへん》なのです。

三日《みっか》、五日《いつか》、七日《なのか》……、子犬《こいぬ》たちは無事《ぶじ》に育《そだ》っています。

「みーんな、元気《げんき》。早《はや》く大《おお》きくなーれ」

今日《きょう》も子犬《こいぬ》たちがみんな健康《けんこう》なので、佐藤《さとう》さんは上機嫌《じょうきげん》です。ニッコリ笑《わら》いながら、まるまる太《ふと》った子犬《こいぬ》を抱《だ》き上《あ》げては世話《せわ》をしています。

「あらー、やっと目《め》が開《あ》いたわ、うふふ、わかる？　私《わたし》がサ・ト・ウよ。よろしくね」

子犬《こいぬ》たちが生《う》まれて二週間目《しゅうかんめ》、とうとう目《め》が開《あ》いたのです。ポツンと開《ひら》いた目《め》は、にごったような青《あお》い色《いろ》をしていて、まだほんとに見《み》えるのかどうか分《わ》からないほどですが、さらに一日《にち》、二日《ふつか》、三日《みっか》とたってくると、キラキラときれいに光《ひか》った、かわいらしい目《め》に変《か》わってきます。

佐藤《さとう》さんは子犬《こいぬ》たちの目《め》が開《あ》いていても、一週間《しゅうかん》くらいは日光《にっこう》の当《あ》たる場所《ばしょ》へは出《だ》しません。太陽《たいよう》の光《ひかり》は、開《あ》いたばかりの子犬《こいぬ》にとっては良《よ》くないといわれているからです。

四週間《しゅうかん》がたちました。子犬《こいぬ》たちの食欲《しょくよく》はものすごく、母犬《ははいぬ》のお乳《ちち》を子犬《こいぬ》どうしで奪《うば》い合《あ》うようにして飲《の》みます。母犬《ははいぬ》もとても疲《つか》れたような顔《かお》になっています。

そして、五週間《しゅうかん》ほどがたったある日《ひ》、母犬《ははいぬ》が自分《じぶん》の食《た》べたエサを口《くち》から、はき出《だ》しました。すると犬舎《けんしゃ》のあちこちで、じゃれあって遊《あそ》んでいた子犬《こいぬ》たちがサッと集《あつ》まってきて、それを争《あらそ》うようにして食《た》べてしまいました。

それを見《み》ていた佐藤《さとう》さんがつぶやきました。

「よーし、明日《あした》から離乳食《りにゅうしょく》にしてもだいじょうぶね」

母犬《ははいぬ》は、子犬《こいぬ》たちが飲《の》むお乳《ちち》が足《た》りなくなってくるのを感《かん》じると、自分《じぶん》の胃《い》の中《なか》に入《はい》って半分《はんぶん》くらい消化《しょうか》したエサをはき出《だ》して子犬《こいぬ》に与《あた》えるようになるのです。子犬《こいぬ》は

大場訓練所《おおばくんれんじょ》の犬舎《けんしゃ》。かわいくて優秀《ゆうしゅう》な子犬《こいぬ》たちが誕生《たんじょう》する

歯《は》もはえてくるので、それを喜《よろこ》んで食《た》べ、お乳《ちち》の足《た》りない分《ぶん》の足《た》しにします。

六週間《しゅうかん》がたちました。佐藤《さとう》さんは子犬《こいぬ》用《よう》のドッグフードに粉《こな》ミルクを加《くわ》えた離乳食《りにゅうしょく》を子犬《こいぬ》たちに与《あた》えました。とても栄養《えいよう》があるので子犬《こいぬ》たちはぐんぐん大《おお》きくなっていきます。

ピチャ、ピチャ、ピチャ……

子犬《こいぬ》たちが大《おお》きな食器《しょっき》を囲《かこ》んで、頭《あたま》を突《つ》っこむようにしてエサを食《た》べています。エサを食《た》べ終《お》わった子犬《こいぬ》たちは、犬舎《けんしゃ》から広《ひろ》い場所《ばしょ》に出《だ》されて、自由《じゆう》に運動《うんどう》をさせます。母犬《ははいぬ》はもうホッとした顔《かお》つきになって子犬《こいぬ》たちを見守《みまも》りながら、犬舎《けんしゃ》の中《なか》でひと休《やす》みします。

犬《いぬ》でも子犬《こいぬ》をたくさん育《そだ》てるのは大変《たいへん》なことで、とても体力《たいりょく》がいります。ですから母犬《ははいぬ》の体《からだ》を休《やす》ませてやらなければなりませんし、栄養《えいよう》にも注意《ちゅうい》しなければなりません。

追《お》いかけっこや取《と》っ組《く》み合《あ》いをしている子犬《こいぬ》たちを、大場《おおば》さんが腕組《うでぐ》みをしながら見《み》ています。とてもきびしい目《め》つきで、一頭《とう》一頭《とう》の動《うご》きを観察《かんさつ》しているのです。

大場《おおば》さんがベルトにはさんでいた作業用《さぎょうよう》のタオルを手《て》にしました。そしてクルッと丸《まる》めて子犬《こいぬ》たちが遊《あそ》んでいる真《ま》ん中《なか》あたりに投《な》げました。

(何《なん》だ！　なんだ!?)というように、二頭《とう》の子犬《こいぬ》がタオルのところへ走《はし》ってきました。そして鼻《はな》でしきりに、においをかいでいます。

(あー、それ何《なに》？　おもしろそう)と、別《べつ》の子犬《こいぬ》がゆっくりタオルに近《ちか》づいてきました。

そのすぐ横《よこ》でじゃれ合《あ》っている二頭《とう》は、チラッとその様子《ようす》を見《み》たものの、すぐにまた上《うえ》になったり下《した》になったりして遊《あそ》んでいます。

運動場《うんどうじょう》のすみで一頭《とう》が、ほかの子犬《こいぬ》たちの様子《ようす》をジーッと見《み》つめています。

大場《おおば》さんはコクッとうなずくと、落《お》ちていたタオルをひろい、こんどは片手《かたて》で地面《じめん》の上《うえ》にヒラヒラ動《うご》かしました。すると、においをかいでいた二頭《とう》がいっしょにタオルに飛《と》びつきました。その後《うし》ろからもう一頭《とう》の子犬《こいぬ》も飛《と》びついてきました。じゃれ合《あ》っていた二頭《とう》が、遊《あそ》ぶのをやめてそれをながめています。

「ほーら、これは何《なん》だ？　おもしろいぞ〜」

大場《おおば》さんがやさしい声《こえ》で子犬《こいぬ》たちを〝タオル遊《あそ》び〟に誘《さそ》いながら、タオルを上《うえ》にふったり、左右《さゆう》に動《うご》かしたりします。

すぐに一頭《とう》がタオルの先《さき》をくわえて後《うし》ろに引《ひ》っぱります。もう一頭《とう》も負《ま》けまいと同《おな》じように口《くち》でタオルをくわえて、前足《まえあし》で押《お》さえようとします。三頭目《とうめ》はタオルをくわえたまま走《はし》りだそうとして、ズデンと転《ころ》んでしまいました。

そんな仲間《なかま》のタオル遊《あそ》びをよそに、二頭《とう》の子犬《こいぬ》は追《お》いかけっこのほうが好《す》きとばかりに、大場《おおば》さんの足元《あしもと》をグルグルと楽《たの》しそうにまわり続《つづ》けます。

運動場《うんどうじょう》のすみにいた子犬《こいぬ》は「伏《ふ》せ」をしたまま、そんな様子《ようす》を静《しず》かにながめています。

大場《おおば》さんがはげしくタオルをふりまわしながら「ソレッ」とか「どうだ」とか大《おお》きな声《こえ》で子犬《こいぬ》たちをはやし立《た》てます。三頭《とう》の子犬《こいぬ》がその声《こえ》に誘《さそ》われるまま、体《からだ》の動《うご》きを早《はや》くしたり、はげしくタオルをくわえようとします。

一頭《とう》がハァハァと口《くち》を大《おお》きくあけて荒《あら》い息《いき》をはきながら、くわえていたタオルを放《はな》しました。それを見《み》ていたもう一頭《とう》も、疲《つか》れたとばかりに地面《じめん》に「伏《ふ》せ」をしてしまいました。

腰《こし》をおろしていた大場《おおば》さんが立《た》ち上《あ》がりました。

「おおー、お前《まえ》はがんばるなあ、いいぞいいぞ。はーい、お前《まえ》が一等賞《いっとうしょう》だ」

右手《みぎて》に持《も》ったタオルの先《さき》に、一頭《とう》の子犬《こいぬ》が口《くち》でタオルをしっかりくわえたままぶら下《さ》がっています。オスの子犬《こいぬ》でした。

実《じっ》は、これは大場《おおば》さんの子犬《こいぬ》へのただの遊《あそ》びではなく、一頭《とう》一頭《とう》の性格《せいかく》を見《み》つけるためのテストなのです。

大場《おおば》さんの訓練所《くんれんじょ》は警察犬《けいさつけん》を育《そだ》てるための所《ところ》なので、生《う》まれた子犬《こいぬ》はまず第一《だいいち》に「警察犬《けいさつけん》として良《よ》い犬《いぬ》かどうか」を、きびしい目《め》で見《み》て選《えら》ばなくてはならないのです。

生《う》まれた子犬《こいぬ》はどの犬《いぬ》も、とてもかわいいものです。ペットショップで売《う》られている犬《いぬ》やドッグショーに出《だ》す犬《いぬ》であれば、そんなに性格《せいかく》は問題《もんだい》ないのですが、警察犬《けいさつけん》としての子犬《こいぬ》となるとそうはいかないのです。

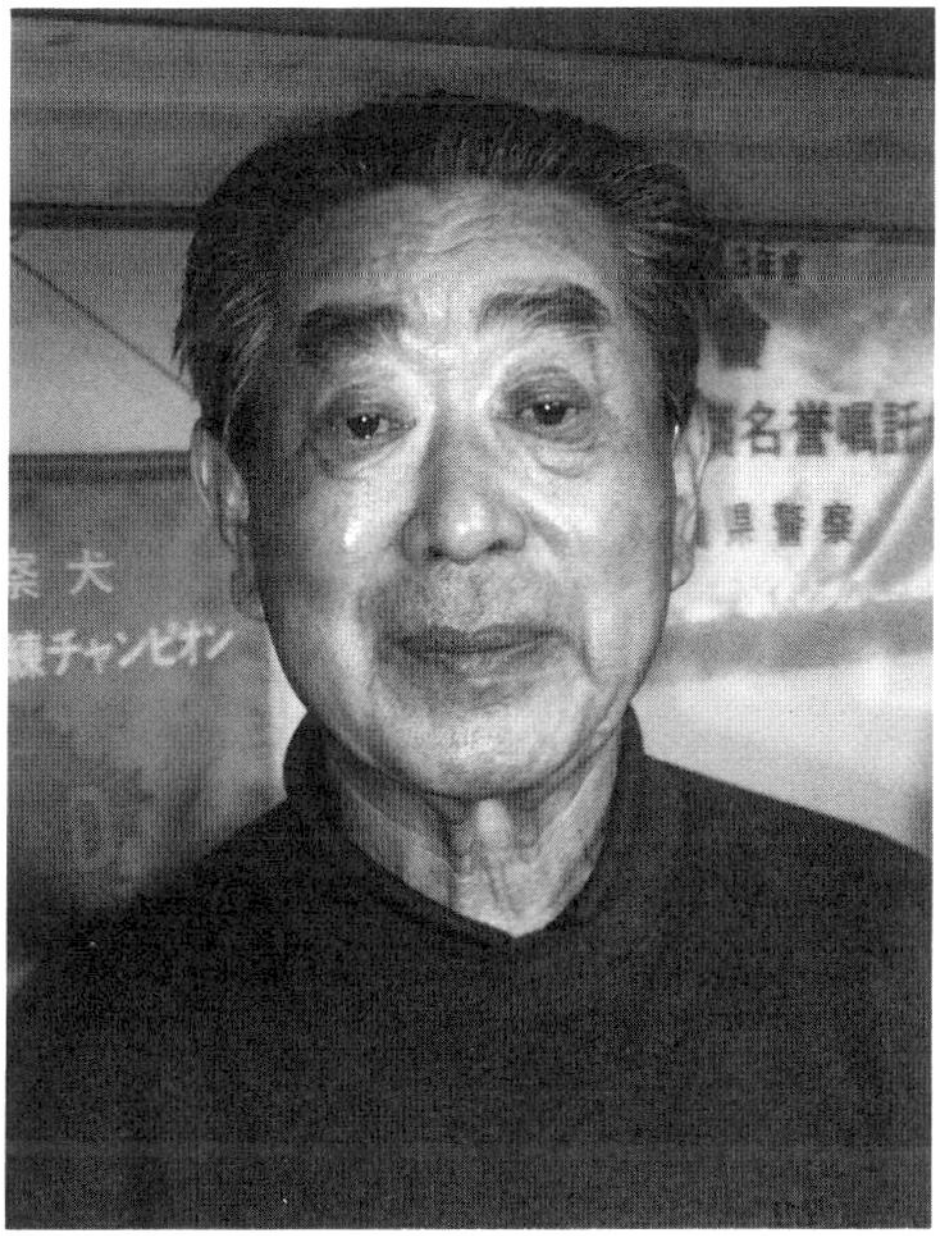

所長《しょちょう》の大場伸昭《おおばのぶあき》さん

このようなテストはテニスボールや木《き》で作《つく》ったダンベル、いろいろな形《かたち》をしたプラスチックのオモチャなどを使《つか》って、くり返《かえ》されます。子犬《こいぬ》たちはテストの終《お》わった後《あと》は、疲《つか》れて眠《ねむ》ってしまいます。十分《じゅうぶん》に眠《ねむ》った後《あと》に、またテストをします。毎日《まいにち》このくり返《かえ》しによって、大場《おおば》さんは子犬《こいぬ》たちの性格《せいかく》を見《み》ぬいていきます。

たとえば……、あの子《こ》はいつも(あっ、今日《きょう》はボールだ)と気《き》がついて一番早《いちばんはや》く近寄《ちかよ》ってくるな。ボールをくわえたら絶対《ぜったい》に仲間《なかま》に渡《わた》そうとしないで、なるべく自分《じぶん》が長《なが》くくわえていようと、がんばっているな。ほかの子《こ》に取《と》られても何《なん》とかして取《と》り返《かえ》そうと、がんばって取《と》り返《かえ》すまでは攻撃《こうげき》をやめないな。あの子《こ》はボールをくわえた子《こ》の後《あと》を追《お》いかけているだけで取《と》ろうとしないし、すぐあきらめてしまうな。あの子《こ》はそっぽを向《む》いてたり、かってに床《ゆか》のにおいかぎばかりしていてダメだな。

このように四十日《にち》、五十日《にち》と続《つづ》けていくと、子犬《こいぬ》たちの性格《せいかく》がはっきりしてくるのです。

また、ボール遊《あそ》びの終《お》わりを告《つ》げる「やめ!」という言葉《ことば》を教《おし》えても、すぐにピタリとやめる子《こ》もいれば、いつまでも(もっとやろう)と、うるさくほえ続《つづ》ける子《こ》もいます。犬《いぬ》は生《う》まれて五十日《にち》も過《す》ぎると、かなり頭脳《ずのう》が発達《はったつ》してきます。体《からだ》つきはまだ幼《おさな》い子犬《こいぬ》なのですが、人《ひと》の言葉《ことば》に対《たい》して自分《じぶん》がどうすれば人《ひと》が喜《よろこ》ぶのか、しかられないのかなどを考《かんが》える力《ちから》がついてくるのです。

大場《おおば》さんは自分《じぶん》だけでなく、佐藤《さとう》さんやほかの訓練士《くんれんし》の人《ひと》にも子犬《こいぬ》たちの観察《かんさつ》を頼《たの》みます。そして四カ月《げつ》が過《す》ぎました。

大場《おおば》さんはテストをくり返《かえ》した結果《けっか》、オスの子犬《こいぬ》とメスの子犬《こいぬ》一頭《とう》を、警察犬用《けいさつけんよう》の訓練犬《くんれんけん》として選《えら》びました。

オスの子《こ》には「アーク号《ごう》」、メスの子《こ》には「レィ号《ごう》」という名前《なまえ》がつけられました。

ほかの四頭《とう》は、大場《おおば》さんの知《し》り合《あ》いの愛犬家《あいけんか》が買《か》っていきました。残《のこ》った一頭《とう》は、とても性格《せいかく》が良《よ》いと大場《おおば》さんがすごく気《き》に入《い》って、将来《しょうらい》は子犬《こいぬ》を産《う》ませる母犬《ははいぬ》になってもらうため、訓練所《くんれんじょ》に残《のこ》すことにしました。子犬《こいぬ》たちが生《う》まれてから、ちょうど半年《はんとし》がたっていました。

「アーク！　レィ！　お前《まえ》たちにはこれからきびしい訓練《くんれん》が待《ま》っているけど、しっかりがんばってね」

一九九八年《ねん》一月九日《がつここのか》、アークとレィは佐藤《さとう》さんにやさしい声《こえ》で、はげまされました。

「ねぇ、わかったの?」

佐藤《さとう》さんが二頭《とう》を座《すわ》らせて顔《かお》を近《ちか》づけながら、もう一度《ど》言《い》いました。その目《め》はとてもきびしい目《め》をしていました。

そして七カ月《げつ》、八カ月《げつ》となりました。アークとレィの二頭《とう》は、母犬《ははいぬ》とそんなに体《からだ》の大《おお》きさが違《ちが》わないほど大《おお》きく育《そだ》ちました。

いよいよ警察犬《けいさつけん》になるための訓練《くんれん》が始《はじ》まります。

3　基本《きほん》の服従訓練《ふくじゅうくんれん》

大場《おおば》さんの訓練所《くんれんじょ》には、シェパード犬《けん》とかラブラドール・レトリーバー犬《けん》が、いつも

五十頭近《とうちか》くいて、五人《にん》の訓練士《くんれんし》によって、いろいろな訓練《くんれん》を受《う》けています。

「家《いえ》で飼《か》うためのしつけをお願《ねが》いします」

ペットとして飼《か》われている犬《いぬ》への〝しつけ訓練《くんれん》〟もたまには頼《たの》まれるのですが、この訓練所《くんれんじょ》ではほとんどが警察犬《けいさつけん》としての訓練《くんれん》をしているのです。

犬《いぬ》の訓練《くんれん》というのは、ふつう生《う》まれて半年《はんとし》くらいから始《はじ》めます。大場《おおば》さんの訓練所《くんれんじょ》でも同《おな》じです。一番初《いちばんはじ》めは「服従訓練《ふくじゅうくんれん》」といって、人《ひと》の命令《めいれい》する言葉《ことば》にしたがって行動《こうどう》する、行動《こうどう》できる犬《いぬ》になるように訓練《くんれん》をします。

訓練《くんれん》のはじめは、人《ひと》が歩《ある》く速《はや》さと同《おな》じに歩《ある》かせることです。犬《いぬ》に首輪《くびわ》をつけて人《ひと》の体《からだ》の左側《ひだりがわ》に犬《いぬ》を立《た》たせて、リード(引《ひ》き綱《づな》)を左手《ひだりて》に持《も》ってリードの端《はし》を右手《みぎて》に握《にぎ》ります。

「前《まえ》へ!」とか「進《すす》め!」と命令《めいれい》してから歩《ある》きだします。このとき犬《いぬ》は、前《まえ》からきた犬《いぬ》や道路《どうろ》を横切《よこぎ》る猫《ねこ》を目《め》にしても、いきなり走《はし》ったり、ジグザグにグイグイと人《ひと》を引《ひ》っぱるようにしてはいけません。命令《めいれい》されたら、人《ひと》の歩《ある》く速《はや》さに犬《いぬ》は合《あ》わせなければいけないのです。人《ひと》と同《おな》じようにうまく歩《ある》けたら、次《つぎ》は「座《すわ》れ！」の訓練《くんれん》です。

「座《すわ》れ！」と言《い》われたら腰《こし》をおろし、前足《まえあし》をきちんと揃《そろ》えて座《すわ》らなければなりません。

「伏《ふ》せ！」と言《い》われたら、座《すわ》った姿勢《しせい》から両前足《りょうまえあし》をスーッと前《まえ》に伸《の》ばし、体《からだ》を地面《じめん》にピッタリとつけたまま動《うご》いてはいけません。

「待《ま》て！」は、人《ひと》の横《よこ》でいっしょに歩《ある》いている時《とき》に「待《ま》て！」と言《い》われたら座《すわ》らなければなりません。「待《ま》て！」の命令《めいれい》には、立《た》ったまま待《ま》ちなさいという「立《た》って待《ま》て！」と、座《すわ》ったまま待《ま》ちなさいという「座《すわ》れ待《ま》て！」、伏《ふ》せをしたまま待《ま》ちなさいという「伏《ふ》せ待《ま》て！」があります。

「来《こ》い！」というのもあります。これは「伏《ふ》せ待《ま》て」をさせたまま、人《ひと》が五メートル、十メートル、三十メートルと離《はな》れてから、こっちへ来《き》なさいと呼《よ》びつける命令《めいれい》です。

飼《か》い犬《いぬ》や訓練《くんれん》を受《う》けている犬《いぬ》というのは、飼《か》い主《ぬし》や訓練士《くんれんし》と少《すこ》しでも離《はな》れると不安《ふあん》になります。自分《じぶん》からどんどん離《はな》れてゆく人《ひと》の後《うし》ろ姿《すがた》は、犬《いぬ》にとってはとてもつらいのです。犬《いぬ》は、（すぐに後《あと》を追《お》いかけたい）そう思《おも》いながら、（でも、動《うご》いたら怒《おこ》ら

人《ひと》の命令《めいれい》にしたがうよう基本的《きほんてき》な動作《どうさ》を身《み》につけさせる

れる）と、じっと次《つぎ》の命令《めいれい》の「来《こ》い！」を待《ま》つしかないのです。

「来《こ》い！」と命令《めいれい》されたら、一直線《いっちょくせん》に飼《か》い主《ぬし》や訓練士《くんれんし》のところへ走《はし》っていき、（来《き》ました）と人間《にんげん》の前《まえ》で正座《せいざ》しなければなりません。

訓練《くんれん》のすべてができると、「休《やす》め！」という命令《めいれい》も教《おし》えます。「休《やす》め」というのは、「伏《ふ》せ」の姿勢《しせい》から腰《こし》をくずした状態《じょうたい》にして、後《うし》ろ足《あし》を投《な》げ出《だ》して横座《よこずわ》りになることです。

長《なが》く訓練《くんれん》が続《つづ》いた後《あと》に「休《やす》め！」と命令《めいれい》するのです。犬《いぬ》も人間《にんげん》と同《おな》じように、疲《つか》れたら休憩《きゅうけい》させるというわけです。

これで、服従訓練《ふくじゅうくんれん》が終《お》わります。

アークとレィは、成犬《せいけん》のいる犬舎《けんしゃ》に一頭《とう》ずつ入《い》れられた生活《せいかつ》になりました。畳《たたみ》三枚《まい》くらいの広《ひろ》さの犬舎《けんしゃ》で、毎日規則正《まいにちきそくただ》しい生活《せいかつ》をしなければなりません。

訓練士《くんれんし》の仕事《しごと》は朝早《あさはや》くから始《はじ》まります。たくさんいる訓練犬《くんれんけん》の犬舎《けんしゃ》を、手分《てわ》けして掃除《そうじ》します。犬舎《けんしゃ》の床《ゆか》に水《みず》をまき、デッキブラシできれいにします。排便《はいべん》をさせたり運動《うんどう》をさせるために、訓練犬《くんれんけん》を広《ひろ》い運動場《うんどうじょう》に移《うつ》します。

一頭一頭《とうとう》のウンチやオシッコの色《いろ》も確《たし》かめます。悪《わる》いウンチをしていないか、オシッコに血《ち》がまじって病気《びょうき》になっていないかなどチェックして、健康《けんこう》にはとても注意《ちゅうい》をはらいます。

とくに伝染病《でんせんびょう》にかかったりすると、たくさんの犬《いぬ》たちがいるから大変《たいへん》なことになるので、犬《いぬ》の体調《たいちょう》にも犬舎《けんしゃ》の衛生《えいせい》にも気《き》をつけなければならないのです。

エサづくりも大事《だいじ》な仕事《しごと》です。まだ成犬《せいけん》になっていないアークやレィの訓練犬《くんれんけん》もいれば、若《わか》い犬《いぬ》、老犬《ろうけん》もいるので、それぞれに合《あ》ったエサを作《つく》らなければなりません。訓練士《くんれんし》の人《ひと》たちは当番《とうばん》でエサを作《つく》ったり、外《そと》へ連《つ》れ出《だ》す散歩係《さんぽがかり》を決《き》めて、忙《いそが》しい仕事《しごと》をやりくりします。

アークとレィは服従訓練《ふくじゅうくんれん》では佐藤《さとう》さんを困《こま》らせるようなことはほとんどなく、「座《すわ》れ」「伏《ふ》せ」「待《ま》て」「来《こ》い」など、大切《たいせつ》な基本《きほん》の訓練《くんれん》はすぐにできるようになりました。

「アークもレィもお利口《りこう》だから、教《おし》えるわたしも助《たす》かるわ」

佐藤《さとう》さんは上機嫌《じょうきげん》です。でも時《とき》には、

「アーク！　ダメ！　ちゃんと〝伏《ふ》せ待《ま》て〟しなきゃダメでしょ！」

とアークは、しかられることもあります。レィは前足《まえあし》をきちんと揃《そろ》えて伏《ふ》せをして待《ま》っているのに、アークは次《つぎ》にくる命令《めいれい》の「来《こ》い」で少《すこ》しでも早《はや》く佐藤《さとう》さんの前《まえ》に走《はし》っていけるように、前足《まえあし》を地面《じめん》からほんの少《すこ》し浮《う》かせてしまうのです。

「アーク、これは〝半伏《はんふ》せ〟といって、悪《わる》いことなのよ。何回《なんかい》言《い》ったら直《なお》るの。ダメ、やり直《なお》し」

アークは佐藤《さとう》さんのしかる声《こえ》に、少《すこ》しは（ごめんなさい）という顔《かお》つきをするのですが、すぐまた「半伏《はんふ》せ」をしてしまうのです。でも一カ月《げつ》くらいたった頃《ころ》には、この悪《わる》いクセもピシッと直《なお》りました。

ある日《ひ》の朝《あさ》――。

訓練所《くんれんじょ》の運動場《うんどうじょう》に、大場《おおば》さんが腕組《うでぐ》みをして立《た》っています。五十メートルほど先《さき》には、佐藤《さとう》さんが立《た》っています。佐藤《さとう》さんの左側《ひだりがわ》の足元《あしもと》には、リードをつけたアークがきちんと座《すわ》って前《まえ》を向《む》いています。「後《あと》へ！」という命令《めいれい》で、佐藤《さとう》さんの左側《ひだりがわ》にピタリと正座《せいざ》しているのです。

「付《つ》け！」

佐藤《さとう》さんの気合《きあ》いの入《はい》った声《こえ》で、アークが佐藤《さとう》さんといっしょに前《まえ》へ歩《ある》き始《はじ》めます。遅《おそ》くなったり速《はや》くなったりしても、決《けっ》してリードを引《ひ》っぱりません。

「座《すわ》れ、待《ま》て！」

佐藤《さとう》さんの命令《めいれい》に、アークが止《と》まって座《すわ》ります。

「伏《ふ》せ、待《ま》て！」

アークが伏《ふ》せをして体《からだ》を地面《じめん》につけます。もう前足《まえあし》は地面《じめん》から浮《う》かしてはいません。とてもきれいな「伏《ふ》せ」です。

アークをそのままにして、佐藤《さとう》さんは先《さき》へ歩《ある》いて行《い》きます。百《ひゃく》メートルくらい離《はな》れてから、佐藤《さとう》さんがアークのほうへクルッと体《からだ》を向《む》け、気《き》をつけをしてから右手《みぎて》を高《たか》く上《あ》げました。

「来《こ》い！」

佐藤《さとう》さんの命令《めいれい》で、アークが矢《や》のように走《はし》りだしました。アークは佐藤《さとう》さんの前《まえ》まで走《はし》ってくると、サッと向《む》き合《あ》って正座《せいざ》をしてから、（これでいいんでしょ）とばかりに佐藤《さとう》さんの顔《かお》を見上《みあ》げます。

「グッド、アーク」

佐藤《さとう》さんが大《おお》きな声《こえ》でアークをほめます。

「よーし、佐藤君《さとうくん》。アークの服従訓練《ふくじゅうくんれん》は満点《まんてん》だ。よくできたぞ、アーク！」

大場《おおば》さんもニコニコ笑《わら》いながらアークをほめます。

こうしてアークもレィも、訓練《くんれん》の一番基本《いちばんきほん》になる服従訓練《ふくじゅうくんれん》を身《み》につけることができました。

その夜《よる》、佐藤《さとう》さんはアークの犬舎《けんしゃ》に入《はい》って、アークの体《からだ》をやさしくなでながら話《はな》しかけていました。

「レィもがんばったし、アークもよくがんばったわ。明日《あした》からはアークたちが警察犬《けいさつけん》になるための、もっときびしい訓練《くんれん》が始《はじ》まるけど、いっしょにがんばろうね」

アークが、(わかりました)と言《い》うかわりに佐藤《さとう》さんの顔《かお》をペロッとなめて、しっぽをビュンビュンふりました。

犬《いぬ》は人《ひと》からほめられるのが大好《だいす》きです。体《からだ》をなでられることも大好《だいす》きです。訓練《くんれん》士《し》の人《ひと》たちはこのことを、訓練《くんれん》する時《とき》には忘《わす》れません。佐藤《さとう》さんも長《なが》い時間《じかん》をかけてアークと話《はな》したり、ほめたり、体《からだ》をなでてやります。そうすることによって、アークが自分《じぶん》の命令《めいれい》や訓練《くんれん》にもっと素直《すなお》な心《こころ》でしたがってくれると信《しん》じられるし、アークも佐藤《さとう》さんにもっとほめてもらおう、もっとがんばろうという気持《きも》ちになるのです。

4 警察犬《けいさつけん》としての訓練《くんれん》

早《はや》いもので訓練《くんれん》を始《はじ》めてから二カ月《げつ》がたっていました。

服従訓練《ふくじゅうくんれん》が終《お》わると、「警察犬《けいさつけん》」にする犬《いぬ》は警察犬《けいさつけん》としての訓練《くんれん》を始《はじ》めます。目《め》の不《ふ》自由《じゆう》な人《ひと》を安全《あんぜん》に誘導《ゆうどう》する「盲導犬《もうどうけん》」は盲導犬《もうどうけん》としての訓練《くんれん》を、耳《みみ》の不《ふ》自由《じゆう》な人《ひと》を助《たす》ける「聴導犬《ちょうどうけん》」は聴導犬《ちょうどうけん》としての訓練《くんれん》というように、人間《にんげん》の役《やく》に立《た》つために使《つか》う犬《いぬ》には、それぞれ特別《とくべつ》な訓練《くんれん》が待《ま》っているのです。

警察犬《けいさつけん》の訓練《くんれん》には、「警戒訓練《けいかいくんれん》」といって、人《ひと》を傷《きず》つけてお金《かね》を盗《ぬす》んだりした悪《わる》い人《ひと》を探《さが》し出《だ》したり、追《お》いかけて捕《つか》まえたりする時《とき》のための訓練《くんれん》があります。

まず、一番初《いちばんはじ》めは、「飛《と》べ」という訓練《くんれん》から始《はじ》まります。たてにした板《いた》の上《うえ》を「飛《と》べ！」と命令《めいれい》して飛《と》び越《こ》えさせるのです。

板《いた》の高《たか》さは初《はじ》めは三十センチくらいからですが、少《すこ》しずつ高《たか》さを上《あ》げて一メートルくらいまでにしたり、もっと高《たか》くした板《いた》を屋根《やね》のように傾斜《けいしゃ》をつけたりもします。

初《はじ》めはリードをつけたまま飛《と》び越《こ》えさせるのですが、「飛《と》べ」ということが、ジャンプをして板《いた》を乗《の》り越《こ》えることなのかと犬《いぬ》が分《わ》かってくると、リードをはずして「飛《と》べ！」と命令《めいれい》します。五十センチ、七十センチと飛《と》び越《こ》える板《いた》が高《たか》くなってくると、犬《いぬ》はいやがって後《あと》ずさりしたり、板《いた》の前《まえ》で止《と》まってしまい、飛《と》ぼうとしなくなったりします。

この訓練《くんれん》は、泥棒《どろぼう》などを警察官《けいさつかん》が追《お》いかけた時《とき》、犯人《はんにん》がフェンスや塀《へい》をよじ登《のぼ》って反対側《はんたいがわ》に逃《に》げた場合《ばあい》のことを考《かんが》えています。いっしょに追《お》いかけて行《い》った警察犬《けいさつけん》が、警察官《けいさつかん》より早《はや》く塀《へい》を乗《の》り越《こ》えて犯人《はんにん》に追《お》いつき、捕《つか》まえるためです。

障害物《しょうがいぶつ》である高《たか》い板《いた》を飛《と》び越《こ》えることは、訓練犬《くんれんけん》にとってはとても勇気《ゆうき》のいることですし、ジャンプが得意《とくい》でない犬《いぬ》もいるので、どの犬《いぬ》もすぐにピョンピョンと飛《と》び越《こ》えられるというものではありません。三十センチを飛《と》んだら四十センチに、五十センチを飛《と》んだら六十センチをと、少《すこ》しずつ、そして何日《なんにち》も何日《なんにち》もくり返《かえ》して続《つづ》けます。

落《お》ちている物《もの》をくわえて持《も》ってこさせるのも、警察犬《けいさつけん》の大切《たいせつ》な訓練《くんれん》の一つです。

たとえば、ピストルで人《ひと》を撃《う》った犯人《はんにん》が、警察官《けいさつかん》に追《お》いかけられて逃《に》げる途中《とちゅう》で、ピストルを林《はやし》の中《なか》や川原《かわら》に捨《す》てたことを、捕《つか》まえられて警察官《けいさつかん》に言《い》ったとします。すると警察官《けいさつかん》は犬《いぬ》に「持《も》って来《こ》い！」と命令《めいれい》します。犬《いぬ》はあちこちかぎまわってピストルを見《み》つけ出《だ》し、口《くち》にくわえて警察官《けいさつかん》に持《も》ってきます。次《つぎ》に「出《だ》せ！」という命令《めいれい》で、そのピストルを警察官《けいさつかん》が差《さ》し出《だ》した手《て》の上《うえ》に置《お》きます。そういう時《とき》のための訓練《くんれん》です。

この訓練《くんれん》は、木《き》で作《つく》られたダンベルを口《くち》にくわえさせることから始《はじ》めます。やはり毎日《まいにち》のくり返《かえ》しによってできるようになるのですが、犬《いぬ》の性格《せいかく》によって反応《はんのう》はいろいろです。素早《すばや》く探《さが》し出《だ》して持《も》ってくる犬《いぬ》もいれば、なかなか探《さが》せない犬《いぬ》、見《み》つけても口《くち》にくわえて持《も》って来《こ》ないで、くわえたまま遊《あそ》んでしまう犬《いぬ》までいます。

訓練《くんれん》のしかたは、訓練士《くんれんし》がダンベルを遠《とお》くに投《な》げるのを犬《いぬ》に見《み》せて「持《も》って来《こ》い！」と命令《めいれい》したり、犬《いぬ》を待《ま》たせておいて草《くさ》むらにダンベルを隠《かく》すのを見《み》せてから「持《も》って来《こ》い！」と命令《めいれい》したりするのですが、犬《いぬ》に、これはおもしろいゲームだぞ、と思《おも》いこませて訓練《くんれん》するのがコツなのです。

「物品監守《ぶっぴんかんしゅ》」という訓練《くんれん》もあります。この品物《しなもの》を守《まも》りなさい、わたし以外《いがい》の人《ひと》には渡《わた》してはいけませんという訓練《くんれん》で、犬《いぬ》を「伏《ふ》せ待《ま》て」にさせて、目《め》の前《まえ》にバッグとか手《て》さげ金庫《きんこ》など大切《たいせつ》な物《もの》を置《お》いて守《まも》らせるのです。

訓練士《くんれんし》は「守《まも》れ！」と命令《めいれい》したままその場《ば》を離《はな》れて、建物《たてもの》の陰《かげ》に隠《かく》れます。すると、違《ちが》う服装《ふくそう》をした別《べつ》の訓練士《くんれんし》が盗《ぬす》もうとする役《やく》になって、その品物《しなもの》に近《ちか》づきます。

実《じつ》は、訓練《くんれん》の時《とき》には、品物《しなもの》の中《なか》に犬《いぬ》の大好《だいす》きなボールやオモチャとしての布切《ぬのき》れなどが入《い》れてあるのです。

犬《いぬ》は自分《じぶん》を訓練《くんれん》している大好《だいす》きな訓練士《くんれんし》から「守《まも》れ」と命令《めいれい》されているし、（これは自分《じぶん》の大切《たいせつ》な物《もの》）だから、訓練士《くんれんし》以外《いがい》の人《ひと》には（絶対《ぜったい》に渡《わた》さない、取《と》られないぞ）と

攻撃性《こうげきせい》を判定《はんてい》するための訓練《くんれん》（写真提供《しゃしんていきょう》：鎌倉第《かまくらだい》二警察犬訓練所《けいさつけんくんれんじょ》）

いう気持《きも》ちになるのです。

そのための訓練《くんれん》として犬《いぬ》は、「威嚇《いかく》」といって、牙《きば》を出《だ》しておどしたり、うなったりすることを教《おし》えられます。

犯人役《はんにんやく》の訓練士《くんれんし》が品物《しなもの》に手《て》でさわろうとする時《とき》、犬《いぬ》は（さわってみろ、その手《て》にかみつくぞ）と、牙《きば》を出《だ》して「ウーッ」と、うなったり、「ワン」とほえたりもします。

それでも犯人《はんにん》がバッグを取《と》って行《い》こうとする時《とき》のために、次《つぎ》に犬《いぬ》は「襲《おそ》え！」という命令《めいれい》で、犯人《はんにん》に飛《と》びかかって、かみつくことを訓練《くんれん》されます。

これらの訓練《くんれん》は、警察犬《けいさつけん》になるために大切《たいせつ》なものです。

たとえば、ある家《いえ》に侵入《しんにゅう》してお金《かね》や宝石《ほうせき》を盗《ぬす》んで逃《に》げていた犯人《はんにん》を警察官《けいさつかん》が見《み》つけ、警察犬《けいさつけん》といっしょに追跡《ついせき》して、行《ゆ》き止《ど》まりのところまで追《お》いつめたとします。警察官《けいさつかん》が犯人《はんにん》に言葉《ことば》で「もう逃《に》げられないぞ、悪《わる》いことをしたんだから罪《つみ》を反省《はんせい》しろ」と言《い》って捕《つか》まえようとした時《とき》、犯人《はんにん》がそれでも逃《に》げようとして、ナイフやピストルで立《た》ち向《む》かって攻撃《こうげき》してきたらどうでしょう？

こういう時《とき》に犬《いぬ》に「襲《おそ》え！」と命令《めいれい》するのです。

訓練《くんれん》された犬《いぬ》はとても勇敢《ゆうかん》です。（この人《ひと》は悪《わる》い人間《にんげん》なんだ）と、犯人《はんにん》に飛《と》びかかります。犯人《はんにん》はナイフで切《き》りつけたり、ピストルで撃《う》ったりしてきますが、犬《いぬ》は体《からだ》ごと犯人《はんにん》にぶつかって牙《きば》や前足《まえあし》の爪《つめ》で犯人《はんにん》を押《お》し倒《たお》そうとします。

この格闘《かくとう》で時《とき》には犯人《はんにん》によって犬《いぬ》が大《おお》ケガをしたり、殺《ころ》されたりすることもあります。だから犬《いぬ》にとって「襲《おそ》え！」という命令《めいれい》にしたがうことは、自分《じぶん》の命《いのち》がかかっていることでもあるので、必死《ひっし》で攻撃《こうげき》をします。

あまりの犬《いぬ》の攻撃《こうげき》に負《ま》けた犯人《はんにん》が「助《たす》けてくれ、やめてくれ」と叫《さけ》んで、もう抵抗《ていこう》しないと分《わ》かって警察官《けいさつかん》が「やめっ！」と命令《めいれい》すれば、犬《いぬ》はピタリと攻撃《こうげき》をやめます。次《つぎ》に「守《まも》れ！」と命令《めいれい》すると、こんどは犯人《はんにん》のすぐそばで、犯人《はんにん》があやしい行動《こうどう》をしないか見張《みは》りをします。

同《おな》じ警察犬《けいさつけん》でも特徴《とくちょう》が少《すこ》しずつ違《ちが》うので、すぐれた嗅覚《きゅうかく》をもつ犬《いぬ》には「嗅覚訓練《きゅうかくくんれん》」をさせます。人《ひと》を殺《ころ》した犯人《はんにん》の足跡《あしあと》のにおいをかいで追跡《ついせき》したり、盗《ぬす》んだ品物《しなもの》がどこへ運《はこ》ばれたか探《さが》すために活躍《かつやく》するのです。

「足跡追及《そくせきついきゅう》」といわれる訓練《くんれん》には「探《さが》せ！」という言葉《ことば》が命令《めいれい》されます。「探《さが》せ！」と命令《めいれい》された犬《いぬ》は、犯人《はんにん》の残《のこ》したにおいや、ナイフから落《お》ちたほんのわずかな血《ち》のにおいをかいで、犯人《はんにん》がどこへ逃《に》げたのかと探《さが》して追跡《ついせき》をします。とても集中力《しゅうちゅうりょく》のいる訓練《くんれん》で、訓練士《くんれんし》も犬《いぬ》もきびしい訓練《くんれん》を、来《く》る日《ひ》も来《く》る日《ひ》もくり返《かえ》します。

嗅覚能力《きゅうかくのうりょく》を判定《はんてい》するための訓練《くんれん》（写真提供《しゃしんていきょう》：鎌倉第《かまくらだい》二警察犬訓練所《けいさつけんくんれんじょ》）

犬《いぬ》がにおいをかぎとる能力《のうりょく》は、人間《にんげん》の三千倍《ぜんばい》から数万倍《すうまんばい》といわれています。また、化学的《かがくてき》なにおいの一つである脂肪酸《しぼうさん》では百万倍《ひゃくまんばい》、酢《す》のようなにおいのする酢酸《さくさん》では人間《にんげん》の一千万倍《せんまんばい》もの能力《のうりょく》があるといわれているのです。

とても人間《にんげん》がかなわない、においをかぎわける犬《いぬ》の力《ちから》を利用《りよう》したのが、警察犬《けいさつけん》の中《なか》の「麻薬探知犬《まやくたんちけん》」です。

麻薬《まやく》というのは、日本《にほん》のほか世界中《せかいじゅう》の国々《くにぐに》が使用《しよう》を禁止《きんし》（制限《せいげん》）している薬物《やくぶつ》です。

ケシという花《はな》は白《しろ》や赤《あか》、紫《むらさき》など、と

ても美《うつく》しい花《はな》なのですが、まだ種《たね》にならない実《み》の汁《しる》から「アヘン」というものを作《つく》り出《だ》すと、ふつうの人間《にんげん》を〝ダメな人間《にんげん》〟にしてしまう麻薬《まやく》になるのです。

麻薬《まやく》は作《つく》ることも、売《う》ることも、使《つか》うことも、持《も》つことも日本《にほん》の国《くに》の法律《ほうりつ》で禁止《きんし》されていて、犯罪《はんざい》になります。

今《いま》、「麻薬類《まやくるい》」としてはアヘンのほかに、コカイン、マリファナ、覚《かく》せい剤《ざい》、ヘロイン、向精神薬《こうせいしんやく》などがあります。この中《なか》の向精神薬《こうせいしんやく》というのは、ほんとうは心《こころ》の病気《びょうき》を治《なお》すために飲《の》む薬《くすり》なのですが、目的《もくてき》のない飲《の》み方《かた》をすると、やはりほかの麻薬類《まやくるい》と同《おな》じように、人間《にんげん》をダメにしてしまいます。

このような麻薬類《まやくるい》は、健康《けんこう》な人《ひと》の「心《こころ》」と「体《からだ》」をダメにしてしまうのです。麻薬《まや》類《るい》を使《つか》い続《つづ》ける人《ひと》のことを「麻薬中毒者《まやくちゅうどくしゃ》」と呼《よ》びます。この場合《ばあい》の中毒《ちゅうどく》という意味《いみ》は、麻薬《まやく》の毒《どく》をいつもほしがってしまって、麻薬《まやく》の毒《どく》がなくては生《い》きていけなくなってしまう人《ひと》のことをいいます。

麻薬《まやく》の中毒者《ちゅうどくしゃ》になってしまうと、正《ただ》しい心《こころ》を持《も》っていた人《ひと》でも、いつの間《ま》にかその正《ただ》しさをなくしていくのです。

正《ただ》しい心《こころ》をなくさないことは、ひとりの人間《にんげん》として社会《しゃかい》で生《い》きていく上《うえ》でとても大切《たいせつ》なことなのです。

学生《がくせい》であれば学校《がっこう》へ行《い》って勉強《べんきょう》をする、お父《とう》さんであれば、家族《かぞく》のために会社《かいしゃ》へ行《い》ったりお店《みせ》で一生《いっしょう》けん命《めい》に働《はたら》いてお金《かね》を稼《かせ》ぎます。お母《かあ》さんも同《おな》じで、家族《かぞく》のために食事《しょくじ》を作《つく》ったり、洗濯《せんたく》や子供《こども》の世話《せわ》をします。また、年《とし》をとった人《ひと》でも若《わか》い人《ひと》でも、社会《しゃかい》や国《くに》で作《つく》ったルールを守《まも》って生《い》きていかなければなりません。

ところが、麻薬《まやく》の毒《どく》によって正《ただ》しい心《こころ》をなくすと、学生《がくせい》は勉強《べんきょう》しなくなったり、親《した》しい友達《ともだち》にケンカをしかけて仲《なか》が悪《わる》くなったりします。若《わか》い人《ひと》も働《はたら》くのが嫌《いや》になったり、遊《あそ》びまわって家族《かぞく》を苦《くる》しめたり心配《しんぱい》させたりします。家庭《かてい》を持《も》っているお父《とう》さんやお母《かあ》さんも、会社《かいしゃ》をやめてギャンブル場《じょう》に通《かよ》ったり、家《いえ》の子供《こども》の世話《せわ》をするのをやめて家出《いえで》をしたりして、家族《かぞく》や子供《こども》にとっては大変《たいへん》なことになってしまいます。

麻薬中毒者《まやくちゅうどくしゃ》になってしまうと、その麻薬類《まやくるい》がなくなると、どうしてもまた麻薬《まやく》がほしくなってしかたがない体《からだ》になってしまうのです。（麻《ま》薬《やく》がほしい、何《なに》がなんでもほしい）という強《つよ》い気《き》持《も》ちは、（でも麻《ま》薬《やく》はいけないこと、このまま続《つづ》ければ体《からだ》も悪《わる》くなってしまうから、やめなければ……）という気《き》持《も》ちをどうしても抑《おさ》えこんでしまうのです。

体《からだ》に入《はい》った麻《ま》薬《やく》は、病《びょう》気《き》のときに飲《の》む薬《くすり》と同《おな》じように、時《じ》間《かん》がくるとなくなります。病《びょう》気《き》を治《なお》す薬《くすり》は、病《びょう》気《き》が治《なお》ればもう飲《の》みたいとは思《おも》いませんが、麻《ま》薬《やく》はまたどうしてもほしいと思《おも》うようになるのです。

でも、仕《し》事《ごと》をしなくなった人《ひと》や家《いえ》出《で》をしてお金《かね》をまったく持《も》っていない人《ひと》だったらどうでしょう？　麻《ま》薬《やく》は買《か》わなくては手《て》に入《はい》らないので、麻《ま》薬《やく》を手《て》にする前《まえ》にまずお金《かね》が必《ひつ》要《よう》になってくるというわけです。

麻《ま》薬《やく》を買《か》うためにはお金《かね》を手《て》に入《い》れなければならないと考《かんが》えた時《とき》、麻《ま》薬《やく》中《ちゅう》毒《どく》になった人《ひと》は街《まち》でひったくりをしたり、人《ひと》の家《いえ》に泥《どろ》棒《ぼう》に入《はい》ってお金《かね》や宝《ほう》石《せき》を盗《ぬす》んで、それを売《う》ってお金《かね》にかえようとしたりします。最《さい》悪《あく》の場《ば》合《あい》は、人《ひと》を殺《ころ》してでもお金《かね》を手《て》に入《い》れようとさえします。

このように麻薬類《まやくるい》は、ふつうに暮《く》らすわたしたち人間《にんげん》と人間社会《にんげんしゃかい》にとって、たいへん悪《わる》いものなのです。

5　税関《ぜいかん》の仕事《しごと》と麻薬類《まやくるい》

ある日《ひ》のこと、佐藤《さとう》さんは大場《おおば》さんに呼《よ》ばれました。
「東京税関《とうきょうぜいかん》の麻薬探知犬訓練《まやくたんちけんくんれん》センターから電話《でんわ》が入《はい》ってね。麻薬探知犬《まやくたんちけん》の候補犬《こうほけん》はいるかって話《はなし》なんだ。わたしは『います』って答《こた》えたんだ。アークとレィは、どうだい？」
大場《おおば》さんが目《め》をキラキラさせながら佐藤《さとう》さんに言《い》いました。
税関《ぜいかん》というのは、世界《せかい》の国々《くにぐに》から日本《にほん》に入《はい》ってくる品物《しなもの》を調《しら》べたりする役所《やくしょ》です。

日本《にほん》が貿易《ぼうえき》をさかんにするようになった江戸時代《えどじだい》の末《すえ》、一八六七年《ねん》に最初《さいしょ》の税関《ぜいかん》がつくられました。

今《いま》では日本全国《にほんぜんこく》を九《ここの》つの税関《ぜいかん》が管理《かんり》し、各地《かくち》の港《みなと》や空港《くうこう》で仕事《しごと》をしています。日本《にほん》の〝海《うみ》の玄関《げんかん》〟といわれる東京湾《とうきょうわん》や、〝空《そら》の玄関《げんかん》〟といわれる成田空港《なりたくうこう》は東京税関《とうきょうぜいかん》の仕事《しごと》です。

たくさん税関《ぜいかん》があるということは、それだけたくさんの品物《しなもの》が日本《にほん》に持《も》ちこまれているのです。外国《がいこく》で作《つく》られた食品《しょくひん》や服《ふく》、石油《せきゆ》などの資源《しげん》など生活《せいかつ》に役立《やくだ》つものです。でも、中《なか》には禁止《きんし》されている麻薬《まやく》や武器《ぶき》、動物《どうぶつ》や昆虫《こんちゅう》などを、悪《わる》いことと知《し》っていながら持《も》ちこもうとする人《ひと》たちがいます。

税関《ぜいかん》では大《おお》きな貨物《かもつ》や郵便物《ゆうびんぶつ》、旅行者《りょこうしゃ》のカバン、衣服《いふく》などをきびしく検査《けんさ》して、もし麻薬《まやく》など持《も》ちこみが禁止《きんし》されているものを見《み》つけ出《だ》した時《とき》は、すぐ警察《けいさつ》に連絡《れんらく》して捕《つか》まえてもらいます。また、そういう荷物《にもつ》や郵便物《ゆうびんぶつ》を受《う》け取《と》る人《ひと》も同《おな》じで、捕《つか》まえたり罰《ばつ》を与《あた》えたりします。

国内犬《こくないけん》の麻薬《まやく》探知犬《たんちけん》第《だい》１号《ごう》の「シェリー号《ごう》」

その税関《ぜいかん》で、麻薬《まやく》や覚《かく》せい剤《ざい》などのにおいをかぎだして人《ひと》に教《おし》える仕事《しごと》をする犬《いぬ》を「麻薬探知犬《まやくたんちけん》」といい、犬《いぬ》にうまくその仕事《しごと》をさせる人《ひと》を「ハンドラー」といいます。

実《じつ》は、麻薬探知犬《まやくたんちけん》になれる犬《いぬ》はとても少《すく》ないのです。

まず、たくさんの犬《いぬ》の中《なか》から選《えら》ばれるだけの、すばらしい鼻《はな》の能力《のうりょく》がなければならないからです。そのうえ、麻薬探知《まやくたんち》犬《けん》訓練《くんれん》センターという所《ところ》で行《おこ》なわれるきびしい訓練《くんれん》や試験《しけん》に合格《ごうかく》しなければならないからです。

全国《ぜんこく》にたくさんある犬《いぬ》の訓練所《くんれんじょ》でも、麻薬探知犬《まやくたんちけん》を一頭《とう》誕生《たんじょう》させることはとても難《むずか》しいことなのです。

「君《きみ》の訓練《くんれん》ぶりも見事《みごと》だが、アークもレィも実《じつ》にすばらしい犬《いぬ》になった。センターに行《い》っても決《けっ》してほかの犬《いぬ》たちに負《ま》けないと思《おも》う。自信《じしん》を持《も》ってセンターへ送《おく》り出《だ》してやろうと思《おも》うんだが」

佐藤《さとう》さんは大場《おおば》さんの話《はなし》を聞《き》いて、ドッキンと胸《むね》が高鳴《たかな》りました。麻薬探知犬訓練《まやくたんちけんくんれん》センターへ入《はい》れる犬《いぬ》はとてもすばらしい犬《いぬ》であるということで、訓練犬《くんれんけん》がすばらしいということは、訓練《くんれん》をした訓練士《くんれんし》もすばらしいということになるのです。

「二頭《とう》もだなんて……、うれしいです」

佐藤《さとう》さんは目《め》にうっすらと涙《なみだ》をうかべながら答《こた》えました。

「よし！　明日《あした》から麻薬探知犬《まやくたんちけん》の基礎訓練《きそくんれん》を始《はじ》めよう」

「はい！」

佐藤《さとう》さんは元気《げんき》よく返事《へんじ》をしました。

＊

麻薬《まやく》や覚《かく》せい剤《ざい》を外国《がいこく》から持《も》ちこんで売《う》ろうとする悪《わる》い人《ひと》たちは、税関《ぜいかん》や警察《けいさつ》に見《み》つからないように、いろいろな方法《ほうほう》で隠《かく》して持《も》ちこもうとします。

旅行《りょこう》カバンやオーバーの中《なか》に隠《かく》したり、帽子《ぼうし》の中《なか》やクツの底《そこ》、男《おとこ》の人《ひと》はパンツの中《なか》、女《おんな》の人《ひと》は下着《したぎ》の中《なか》に隠《かく》そうとしますし、なかにはビニール袋《ぶくろ》に入《い》れた麻薬《まやく》を口《くち》から飲《の》みこんで体《からだ》の中《なか》に入《い》れてしまう人《ひと》までいます。

また、外国《がいこく》から輸入《ゆにゅう》される家具《かぐ》や置《お》き物《もの》の中《なか》に隠《かく》したり、手紙《てがみ》や本《ほん》にはさんで国際《こくさい》郵便《ゆうびん》で送《おく》ったりします。

たとえば、成田空港《なりたくうこう》などは世界中《せかいじゅう》の国々《くにぐに》から一日《にち》二百機《ひゃっき》もの飛行機《ひこうき》が飛《と》んできて、数万人《すうまんにん》の人々《ひとびと》が降《お》りてきます。麻薬探知犬《まやくたんちけん》は、このように大勢《おおぜい》の人《ひと》の体《からだ》や荷物《にもつ》の中《なか》に〝隠《かく》しているかもしれない〟麻薬《まやく》や覚《かく》せい剤《ざい》を探《さが》し出《だ》さなくてはならないのです。また、持《も》ちこまれる荷物《にもつ》の量《りょう》もものすごく多《おお》いために、麻薬探知犬《まやくたんちけん》は一秒《びょう》でも早《はや》く見《み》つけることも大切《たいせつ》になってくるのです。

麻薬類《まやくるい》は少《すく》ない量《りょう》でも高《たか》く売《う》れるので、ご飯粒《はんつぶ》ひとつ分《ぶん》やアメ玉《だま》ひとつ分《ぶん》のような時《とき》もありますから、検査《けんさ》する税関《ぜいかん》の人《ひと》が体《からだ》にさわって調《しら》べても、なかなか見《み》つけられません。

税関《ぜいかん》では、ピストルやナイフ、爆弾《ばくだん》などを見《み》つけるために、乗客《じょうきゃく》の体《からだ》や運《はこ》びこむ荷物《にもつ》を機械《きかい》で検査《けんさ》します。この機械《きかい》は人間《にんげん》の体《からだ》の中《なか》を撮影《さつえい》するレントゲン写真《しゃしん》のように、金属《きんぞく》が洋服《ようふく》の中《なか》やカバンの中《なか》に入《はい》っているとブラウン管《かん》にパッと映《うつ》し出《だ》されるので、持《も》っているとすぐ分《わ》かってしまいます。

でも麻薬《まやく》や覚《かく》せい剤《ざい》というのは、どうしても機械《きかい》では見《み》つけられないのです。そこでどうしても〝犬《いぬ》の鼻《はな》の力《ちから》〟を借《か》りて見《み》つけることになるわけです。

しかし、今《いま》では麻薬《まやく》を持《も》ちこもうとする悪《わる》い人《ひと》たちのほうでは、税関《ぜいかん》を通《とお》らずに持《も》ちこもうとしています。

海外《かいがい》から船《ふね》で日本《にほん》の近《ちか》くまで来《き》て、麻薬《まやく》をゴムボートのような物《もの》に乗《の》せて海《うみ》に流《なが》してから、その場所《ばしょ》を電波《でんぱ》で人工衛星《じんこうえいせい》に送《おく》って、遠《とお》く離《はな》れた浜辺《はまべ》や海岸《かいがん》で待《ま》っている仲間《なかま》に教《おし》え、釣《つ》り船《ぶね》やモーターボートで取《と》りに行《い》く。この方法《ほうほう》だと、きびしい税関《ぜいかん》の検査《けんさ》を受《う》けなくても、麻薬《まやく》を簡単《かんたん》に手《て》にすることができるのです。

人工衛星《じんこうえいせい》の発明《はつめい》は人類《じんるい》の平和《へいわ》と、世界各国《せかいかっこく》の人々《ひとびと》がすばらしい情報《じょうほう》の交換《こうかん》によって仲良《なかよ》くなるためのもののはずです。それを、ダメな心《こころ》と体《からだ》の人間《にんげん》にしてしまう麻薬《まやく》や覚《かく》せい剤《ざい》を売《う》って、自分《じぶん》が金持《かねも》ちになるために使《つか》うなんて、とんでもないし恐《おそ》ろしいことです。

こういう悪《わる》い人《ひと》たちを国《くに》や警察《けいさつ》は捕《つか》まえなくてはなりませんから、海上保安庁《かいじょうほあんちょう》という役所《やくしょ》では昼《ひる》も夜《よる》もきびしく海《うみ》を警戒《けいかい》しています。

世界《せかい》の国《くに》の中《なか》には、麻薬《まやく》を作《つく》ってほかの国《くに》で売《う》ろうとしたりする国《くに》もあるのです。売《う》るほうの人《ひと》も、買《か》うほうの人《ひと》も、「お金《かね》がほしい、大金持《おおがねも》ちになりたい」、そのためだったら、人《ひと》の体《からだ》がボロボロになろうが、中毒患者《ちゅうどくかんじゃ》になって平気《へいき》で人《ひと》を殺《ころ》してしまう人間《にんげん》になろうがかまわないと考《かんが》えている人《ひと》たちです。自分《じぶん》は大《おお》きな家《いえ》に住《す》み、ぜいたくをして、毎日遊《まいにちあそ》んで暮《く》らしたい、そのためにはたくさん麻薬《まやく》を作《つく》って、たくさん買《か》ってくれる人《ひと》を増《ふ》やして大《おお》もうけしなきゃと考《かんが》えているのです。

今《いま》、麻薬《まやく》や覚《かく》せい剤《ざい》は日本《にほん》でもどんどん広《ひろ》がってきています。とても恐《おそ》ろしいことで、三十年前《ねんまえ》、五十年前《ねんまえ》の日本《にほん》では考《かんが》えられない悪《わる》い時代《じだい》になっているのです。日本《にほん》に持《も》ちこまれた麻薬《まやく》や覚《かく》せい剤《ざい》は、耳《みみ》かき一杯《いっぱい》ほどの量《りょう》にまで細《こま》かく分《わ》けられてから、人々《ひとびと》に売《う》られます。それをこっそり買う人《ひと》たちはさまざまですが、日本人《にほんじん》なら誰《だれ》でも知《し》っている有名人《ゆうめいじん》から、毎日一生《まいにちいっしょう》けん命《めい》に働《はたら》いているお父《とう》さんやお母《かあ》さん、大学生《だいがくせい》まで、男《おとこ》も女《おんな》も、年齢《ねんれい》も関係《かんけい》なくいます。

テレビのニュースや新聞《しんぶん》で、「タレントの〇〇、麻薬《まやく》で逮捕《たいほ》される」とか、「大物俳優《おおものはいゆう》の息子《むすこ》、麻薬《まやく》で二度目《どめ》の逮捕《たいほ》」などと報道《ほうどう》されて知《し》っていると思《おも》います。そして、とても驚《おどろ》くのは、「麻薬《まやく》、ついに高校生《こうこうせい》や中学生《ちゅうがくせい》にまで」とかいう記事《きじ》です。

いったい、これからの日本《にほん》はどうなってしまうのでしょうか。とても恐《おそ》ろしくなり不安《ふあん》です。

日本《にほん》で麻薬《まやく》や覚《かく》せい剤《ざい》が一番多《いちばんおお》く発見《はっけん》され、持《も》ちこもうとする人《ひと》が逮捕《たいほ》されるのは、空港《くうこう》や港《みなと》です。もちろん、警察《けいさつ》の刑事《けいじ》や税関《ぜいかん》で働《はたら》く人《ひと》たちも発見《はっけん》するために毎日《まいにち》がんばっていますが、実《じつ》はそこで働《はたら》く多《おお》くの麻薬探知犬《まやくたんちけん》もがんばっているのです。

＊

「アーク、レィ。さあ、成田《なりた》の訓練《くんれん》センターへ行《い》く日《ひ》まであと五日《いつか》よ、がんばろうね」

大場《おおば》さんの訓練所《くんれんじょ》から佐藤《さとう》さんの元気《げんき》な声《こえ》が聞《き》こえてきます。税関《ぜいかん》から連絡《れんらく》があった日《ひ》から、もう六十日《にち》も過《す》ぎていました。

それから五日後《いつかご》、アークとレィは一頭《とう》ずつ檻《おり》に入《い》れられ、車《くるま》に乗《の》せられました。佐藤《さとう》さんがそっとアークの檻《おり》の前《まえ》に手《て》をさし出《だ》しました。

「アーク、がんばってね。きっと試験《しけん》に合格《ごうかく》するのよ。約束《やくそく》！」

〝ウォフッ〟

アークはキラッと目《め》を輝《かがや》かせて小《ちい》さくうなりながら、佐藤《さとう》さんの手《て》のひらに檻《おり》の中《なか》から前足《まえあし》を出《だ》して乗《の》せました。

「レィ、あんたも不合格《ふごうかく》でここに帰《かえ》ってきちゃだめよ、がんばってね」

〝ワウッ〟

檻《おり》の中《なか》からレィも前足《まえあし》をさし出《だ》しました。

「アークは活発《かっぱつ》で気持《きも》ちも前向《まえむ》きだし、レィはゆっくりていねいに、においをかぐ。きっと二頭《とう》とも合格《ごうかく》できるだろう」

佐藤《さとう》さんの後《うし》ろから大場《おおば》さんが声《こえ》をかけました。

二頭《とう》を乗《の》せた車《くるま》が訓練所《くんれんじょ》から走《はし》りだしました。二人《ふたり》は訓練所《くんれんじょ》の入《い》り口《ぐち》に立《た》って、車《くるま》が小《ちい》さくなるまで見送《みおく》りました。

佐藤《さとう》さんが下《した》を向《む》いて涙《なみだ》をこらえています。

「わたしは子供《こども》の時《とき》に、戦争《せんそう》の時《とき》に軍隊《ぐんたい》で働《はたら》く〝軍用犬《ぐんようけん》〟の本《ほん》を読《よ》んで、人《ひと》と犬《いぬ》とが力《ちから》を合《あ》わせて働《はたら》くことのすばらしさを知《し》ったんだ。だから訓練士《くんれんし》になったけど、麻薬探知犬《まやくたんちけん》が足《た》りないほど麻薬《まやく》や覚《かく》せい剤《ざい》が広《ひろ》まるこんな悪《わる》い時代《じだい》は、早《はや》く終《お》わりになってほしいもんだね」

大場《おおば》さんが小《ちい》さな声《こえ》で佐藤《さとう》さんに言《い》いました。

「悲《かな》しい時代《じだい》ですね」

佐藤《さとう》さんも小《ちい》さな声《こえ》で答《こた》えました。

6 麻薬探知犬訓練《まやくたんちけんくんれん》センターへ

アークとレイの向《む》かった先《さき》は、千葉県成田市《ちばけんなりたし》の三里塚《さんりづか》という所《ところ》にある「麻薬探知犬《まやくたんちけん》訓練《くんれん》センター」です。一九七九年《ねん》に東京税関監視部《とうきょうぜいかんかんしぶ》という役所《やくしょ》の施設《しせつ》としてつくられたとても広《ひろ》い訓練所《くんれんじょ》です。

入所《にゅうしょ》してきた犬《いぬ》は四カ月《げつ》の間《あいだ》、きびしい訓練《くんれん》を受《う》け、試験《しけん》に合格《ごうかく》した犬《いぬ》だけを麻薬《まやく》探知犬《たんちけん》として卒業《そつぎょう》させ、全国《ぜんこく》の空港《くうこう》や港《みなと》の税関《ぜいかん》に送《おく》り出《だ》すのです。

センターには麻薬探知犬《まやくたんちけん》の候補犬《こうほけん》として全国《ぜんこく》の訓練所《くんれんじょ》から何十頭《なんじゅっとう》もの犬《いぬ》が集《あつ》められて訓練《くんれん》されます。

犬《いぬ》にとって世話《せわ》をしてくれる人間《にんげん》が変《か》わるということは、とても不安《ふあん》なことですし、

麻薬《まやく》探知犬《たんちけん》訓練《くんれん》センターの正門《せいもん》と中門《なかもん》、そして広《ひろ》い訓練場《くんれんじょう》

生《う》まれてから過《す》ごしてきた場所《ばしょ》と違《ちが》うところに来《く》ることも、同《おな》じようにとても不安《ふあん》なことなのです。

訓練犬《くんれんけん》には専門《せんもん》に指導《しどう》する人《ひと》がつきます。センターでの訓練《くんれん》の初《はじ》めは「馴致訓練《じゅんちくんれん》」といって、犬《いぬ》にここがお前《まえ》たちの生活《せいかつ》する新《あたら》しい所《ところ》で、これから世話《せわ》をする新《あたら》しい人《ひと》はこの人《ひと》だよ、ということを教《おし》えます。

指導《しどう》する訓練士《くんれんし》（ハンドラー）の人《ひと》は、犬《いぬ》と散歩《さんぽ》やタオルの引《ひ》っぱりっこなどの遊《あそ》びを四週間《しゅうかん》ぐらいします。

犬《いぬ》たちに、（たくさん仲間《なかま》もいるし、世話《せわ》をしてくれる人間《にんげん》もみんなやさしいし、ここは楽《たの》しいや）と感《かん》じさせることがこの訓練《くんれん》の目的《もくてき》なのです。

この訓練《くんれん》が終《お》わると、「大麻《たいま》」という麻薬《まやく》を探《さが》し出《だ》すための訓練《くんれん》が始《はじ》まります。

大麻《たいま》のにおいをつけた物《もの》（〝ダミー〟）を入《い》れたカバンを草《くさ》むらから見《み》つけ出《だ》したり、土《つち》の中《なか》に埋《う》めて隠《かく》しておいた箱《はこ》の中《なか》からそれを見《み》つけ出《だ》したりする訓練《くんれん》です。ダミーというのは、タオルを巻《ま》き寿司《ずし》のようにクルクルと巻《ま》いて、ひもでしばったものです。

こういう簡単《かんたん》に見《み》つけ出《だ》せる訓練《くんれん》ができるようになると、次《つぎ》は見《み》つけにくいところから探《さが》す訓練《くんれん》になります。

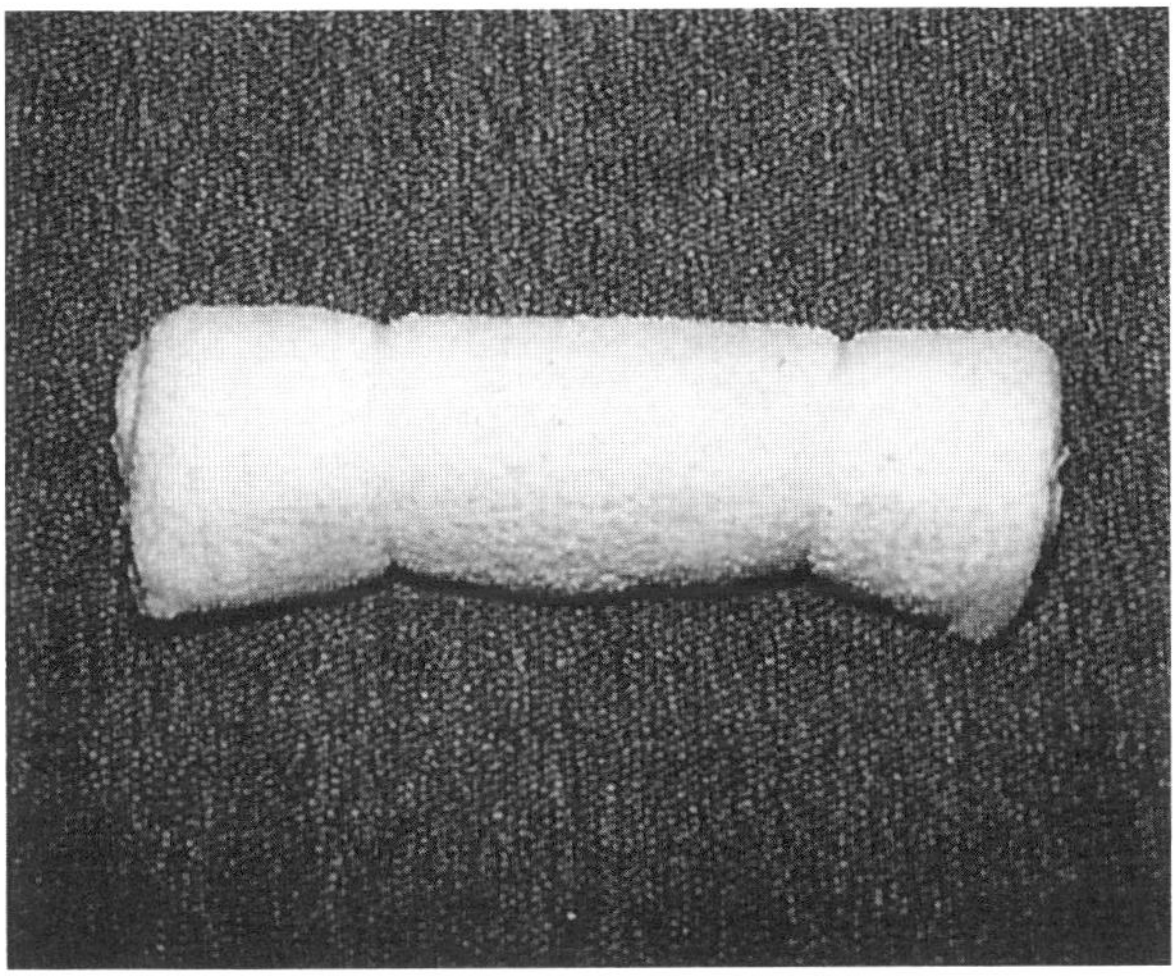

ダミー（タオルをまいたもの）

建物《たてもの》の壁《かべ》をくりぬいてその中《なか》にダミーを入《い》れてから、上《うえ》からフタをしてわからないように隠《かく》したダミーを見《み》つけたり、車《くるま》の中《なか》のとんでもないところに隠《かく》したものを見《み》つけたりする訓練《くんれん》を、八週間《しゅうかん》続《つづ》けます。

「あの犬《いぬ》は見《み》つけ出《だ》す時間《じかん》が長《なが》くかかりすぎる」

「あの犬《いぬ》は探《さが》すのを急《きゅう》にやめてしまう」

訓練士《くんれんし》たちは毎日《まいにち》、訓練犬《くんれんけん》の一頭《とう》一頭《とう》を細《こま》かく観察《かんさつ》し、それを会議《かいぎ》で話《はな》し合《あ》って、訓練《くんれん》

訓練犬《くんれんけん》の性格《せいかく》と能力《のうりょく》についてみんなで話《はな》し合《あ》う

犬《けん》として悪《わる》いと判断《はんだん》したところを直《なお》す訓練《くんれん》もします。

そして、どうしても直《なお》らない、探知犬《たんちけん》としてこれ以上訓練《いじょうくんれん》しても無理《むり》だと会議《かいぎ》で決《き》められた犬《いぬ》は、不合格《ふごうかく》となって次《つぎ》の訓練《くんれん》に進《すす》めなくなります。

合格《ごうかく》できた犬《いぬ》は、大麻《たいま》よりもっと見《み》つけるのが難《むずか》しい覚《かく》せい剤《ざい》や、ヘロインという麻薬《まやく》を見《み》つけ出《だ》す訓練《くんれん》に入《はい》ります。

悪《わる》い人《ひと》は何《なん》とかして麻薬《まやく》を持《も》ちこもうとして、いろいろと考《かんが》えつくものに隠《かく》してきます。それはカプセルの風邪薬《かぜぐすり》のような小《ちい》さなものから、ハンドバッグや大《おお》きなカバンまでさまざまです。

海外《かいがい》へ旅行《りょこう》した人《ひと》たちの多《おお》くは、大《おお》きなスーツケースを使《つか》います。飛行機《ひこうき》から降《お》ろされたスーツケースやリュックサックなどは、まず車《くるま》でソーティング場《じょう》という所《ところ》に運《はこ》ばれます。ここで荷物《にもつ》を確認《かくにん》してターンテーブルにのせます。

ターンテーブルというのは、回転寿司《かいてんずし》の動《うご》くテーブルをずっとずっと大《おお》きくしたようなもので、電気《でんき》で動《うご》きます。ターンテーブルの上《うえ》に置《お》かれた荷物《にもつ》は、どんどん動《うご》いて先《さき》に進《すす》み、お客《きゃく》さんが待《ま》っている場所《ばしょ》へと行《い》きます。麻薬探知犬《まやくたんちけん》は、荷物《にもつ》がお客《きゃく》さんの所《ところ》へ着《つ》くまでに「麻薬《まやく》が入《はい》っているか、いないか」を、かぎわけなくてはならないのです。

ズラッと並《なら》べられた何十《なんじゅう》もの〝動《うご》く荷物《にもつ》〟を一つひとつかぎながらターンテーブルの上《うえ》を前《まえ》へ前《まえ》へと進《すす》みます。一秒《びょう》でも早《はや》くやらなくてはならないから、とても大変《たいへん》です。

また、その荷物《にもつ》が出《で》てくる所《ところ》で待《ま》っているお客《きゃく》さんから麻薬《まやく》を見《み》つけるという訓練《くんれん》もします。

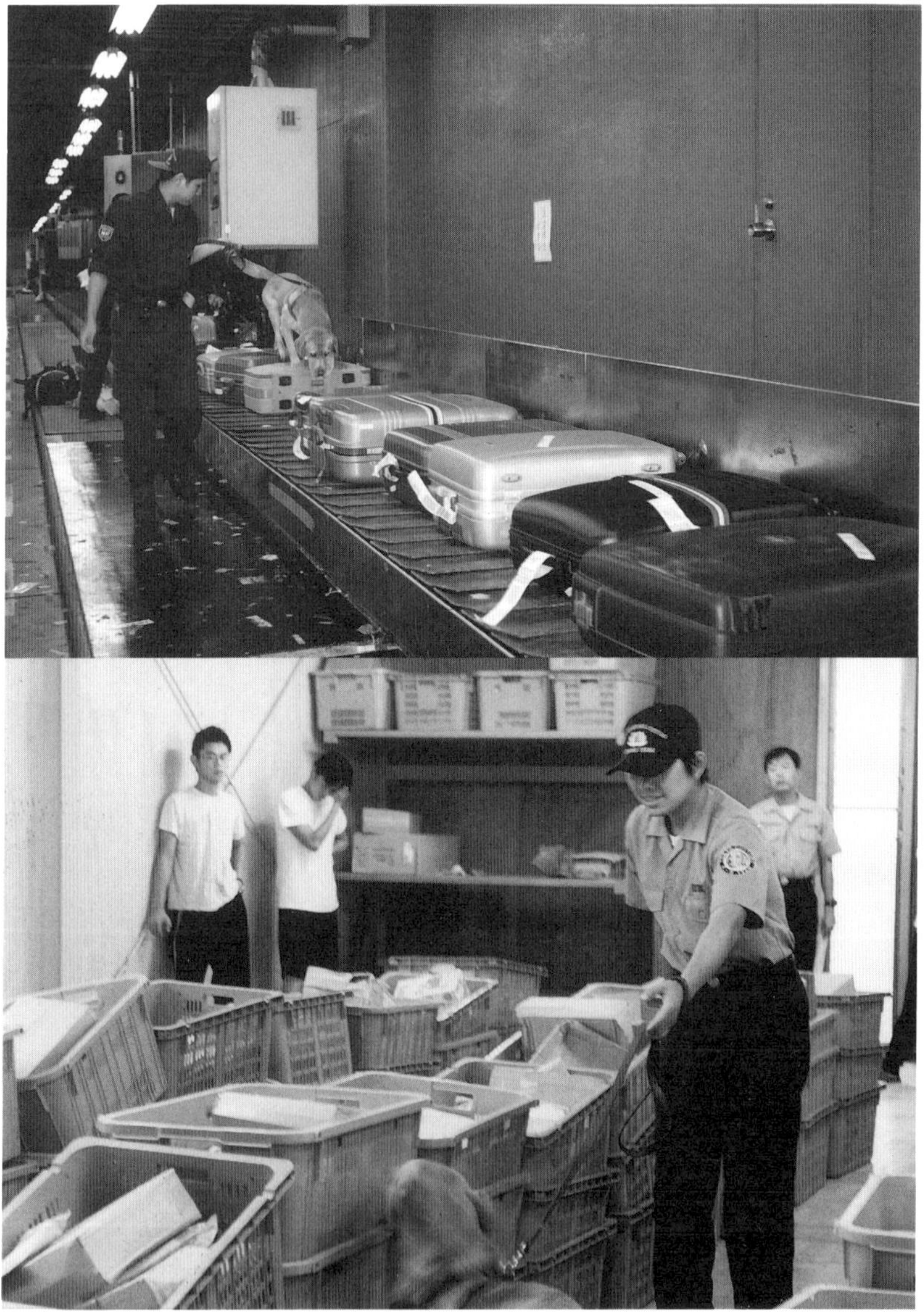

（上）ソーティング場《じょう》で荷物《にもつ》の検査《けんさ》、（下）国際郵便物《こくさいゆうびんぶつ》の検査《けんさ》

貨物《かもつ》検査《けんさ》の訓練《くんれん》、人《ひと》も犬《いぬ》も真剣《しんけん》だ

正直《しょうじき》そうなおじさんの洋服《ようふく》のポケットに覚《かく》せい剤《ざい》が隠《かく》されているかもしれません。小《ちい》さな子《こ》どもを抱《だ》いたお母《かあ》さんが持《も》っている、高《たか》そうなバッグの中《なか》にヘロインがあるかもしれません。

ハンドラーに引《ひ》かれた麻薬探知犬《まやくたんちけん》は、お客《きゃく》さんの足元《あしもと》を歩《ある》きまわりながら麻薬《まやく》のにおいをさがします。

たとえば、立派《りっぱ》な服《ふく》を着《き》た男《おとこ》の人《ひと》のすぐ後《うし》ろで、麻薬探知犬《まやくたんちけん》が急《きゅう》に〝お座《すわ》り〟をして、すぐまた歩《ある》き始《はじ》めたとします。この「お座《すわ》り」は、ハンドラーの人《ひと》に、(この人《ひと》はあやしいよ、麻薬《まやく》を持《も》っているかも)と知《し》らせるための合図《あいず》なのです。ハンドラーはすぐに無線《むせん》でほかの税関《ぜいかん》の人《ひと》に連絡《れんらく》をして、この男《おとこ》の人《ひと》を調《しら》べます。

手紙《てがみ》や郵便《ゆうびん》での小荷物《こにもつ》や、港《みなと》で冷凍《れいとう》された魚《さかな》の箱《はこ》、大《おお》きなドラム缶《かん》に入《い》れられた食《た》べ物《もの》の材料《ざいりょう》など、麻薬探知犬《まやくたんちけん》がかぎまわらなければならない物《もの》は数《かず》かぎりなくあるので、一つひとつ犬《いぬ》に教《おし》える訓練士《くんれんし》は大変《たいへん》ですが、このような訓練《くんれん》を四週間《しゅうかん》でおぼえなければならない訓練犬《くんれんけん》も大変《たいへん》です。

この訓練《くんれん》が終《お》わると、最後《さいご》の試験《しけん》が待《ま》っています。

いろいろな訓練《くんれん》はぜんぶセンターの中《なか》にある施設《しせつ》を使《つか》って行《おこ》なわれますが、最後《さいご》の試験《しけん》は空港《くうこう》や港《みなと》、郵便局《ゆうびんきょく》などへ連《つ》れて行《い》って行《おこ》なわれます。訓練士《くんれんし》のえらい人《ひと》たちが大勢《おおぜい》で、命令《めいれい》をよく聞《き》いて正《ただ》しく早《はや》く見《み》つけられるかどうかを細《こま》かく観察《かんさつ》して、合格《ごうかく》か不合格《ふごうかく》かを決《き》めるのです。

＊

アークとレィのセンターでの一日《にち》が始《はじ》まりました。

アークとレィは別々《べつべつ》の犬舎《けんしゃ》で暮《く》らすようになりました。センターには六十頭《とう》くらいの犬《いぬ》がいて、毎日《まいにち》訓練《くんれん》を受《う》けているのです。

アークを訓練《くんれん》する人《ひと》は、内田真也《うちだしんや》さんというベテランの訓練士《くんれんし》です。

「さあ、アーク。いっしょに今日《きょう》からがんばろうな」

内田《うちだ》さんはやさしい声《こえ》で話《はな》しかけると、リードを首輪《くびわ》につけて犬舎《けんしゃ》から出《だ》してやりました。犬舎《けんしゃ》の建物《たてもの》から出《で》ると広《ひろ》い運動場《うんどうじょう》になっていて、もうたくさんの訓練犬《くんれんけん》が訓練《くんれん》士《し》に連《つ》れ出《だ》されて散歩《さんぽ》をしています。朝《あさ》の八時半《じはん》です。

「はい、オシッコ」

「はい、ウンチ」

内田《うちだ》さんはアークに声《こえ》をかけながら歩《ある》きます。センターへ来《く》る犬《いぬ》たちはみんな、自分《じぶん》の生《う》まれた訓練所《くんれんじょ》で正《ただ》しい訓練《くんれん》を受《う》けているので、人《ひと》を引《ひ》っぱって急《きゅう》に走《はし》りだしたり、ほかの犬《いぬ》にほえたり飛《と》びついたりする犬《いぬ》はいません。どの犬《いぬ》も訓練士《くんれんし》といっしょに、静《しず》かに散歩《さんぽ》しながらオシッコとウンチをします。

訓練士《くんれんし》は犬《いぬ》が病気《びょうき》になっていないかと、オシッコの色《いろ》やウンチの硬《かた》さやにおいを確《たし》かめることもします。血《ち》のまじったオシッコをしたり、げり便《べん》をすることもあるので、早《はや》く見《み》つけて獣医《じゅうい》に手当《てあて》をしてもらうためにも、とても大切《たいせつ》なことなのです。

この作業《さぎょう》が終《お》わると、グルーミングといって、犬《いぬ》の体《からだ》をブラシでこすって、毛《け》づやと血《ち》の流《なが》れをよくしてあげます。そして犬《いぬ》に、訓練《くんれん》をがんばろうと、はげましの声《こえ》をかけてやります。犬《いぬ》は心《こころ》をこめて話《はな》してやると、言葉《ことば》がわかる動物《どうぶつ》なので、「お前《まえ》ならきっとどんな訓練《くんれん》もできるぞ」とか、「かならず合格犬《ごうかくけん》にしてやるからがんばれよ」、と言《い》ってあげることも大切《たいせつ》なのです。また、顔《かお》や体《からだ》をヨシヨシと言《い》ってなでてやることも、忘《わす》れてはいけないことの一つなのです。

内田《うちだ》さんは運動場《うんどうじょう》のすみへアークを連《つ》れて行《い》くと、タオルを手《て》に持《も》ってヒラヒラとアークの鼻先《はなさき》にふります。

訓練士《くんれんし》の内田真也《うちだしんや》さん

（おっ、これはおもしろいぞ）

アークの目《め》がキラキラと光《ひか》り、タオルをくわえようとします。大場《おおば》訓練所《くんれんじょ》の佐藤《さとう》さんもよくやってくれました。

「そーれ、ジャンプだ！」

内田《うちだ》さんはタオルを持《も》った手《て》を高《たか》く上《あ》げて、飛《と》びつけとアークを誘《さそ》います。逃《に》げるような格好《かっこう》の内田《うちだ》さんの後《うし》ろから、アークがジャンプしてタオルの端《はじ》をパクッとくわえました。

「うわぁ、やられたー。そうはさせないぞ～」

こんどは内田《うちだ》さんが、大《おお》きな声《こえ》を上《あ》げながらタオルを引《ひ》っぱります。アークもタオルをくわえて放《はな》そうとしません。タオルの引《ひ》っぱりっこで、内田《うちだ》さんの顔《かお》には汗《あせ》が光《ひか》っています。何十回《なんじゅっかい》も引《ひ》っぱりっこをした次《つぎ》には、タオルをクルクルまいた〝ダミー〟という物《もの》を遠《とお》くへ投《な》げて、「持《も》って来《こ》い！」と命令《めいれい》します。

アークが大喜《おおよろこ》びでダミーをくわえて戻《もど》ると、内田《うちだ》さんの手《て》に渡《わた》します。

「グッド」

内田《うちだ》さんがアークをなでながらほめて受《う》けとります。

（また投《な》げて）

アークが体《からだ》をふるわせてまで内田《うちだ》さんに頼《たの》みます。

「アーク、ゴー！」

ダミーをくわえてもってきたら、ちゃんとほめてあげる

内田《うちだ》さんがもっと遠《とお》くへ、ダミーを投《な》げます。アークはものずこいダッシュでダミーまで走《はし》って、口《くち》にくわえて戻《もど》ってくると得意顔《とくいがお》をします。このくり返《かえ》しで内田《うちだ》さんは全身《ぜんしん》が汗《あせ》まみれです。

タオルやダミーを使《つか》ったこの〝ゲーム訓練《くんれん》〟は、麻薬探知犬《まやくたんちけん》の訓練《くんれん》には一番大《いちばんたい》切《せつ》なのですが、アークには楽《たの》しくてしかたのないゲームなのです。

内田《うちだ》さんはゲーム訓練《くんれん》をくり返《かえ》しながら、アークが麻薬探知犬《まやくたんちけん》になれる犬《いぬ》かどうか、細《こま》かいところまで観察《かんさつ》しているのです。動《うご》くものに興味《きょうみ》を持《も》っているか、物《もの》を投《な》げるとすぐにくわえて持《も》ってくるか、持《も》ち帰《かえ》った物《もの》を（自分《じぶん》の物《もの》だ）と強《つよ》くがんばって渡《わた》そうとしないかなど、訓練《くんれん》を進《すす》めていくためにはとても大切《たいせつ》なことなのです。

「アーク、こっちへおいで」

「おーい、アーク。なでてやるよ」

訓練《くんれん》の合間《あいま》にアークはほかの何人《なんにん》もの訓練士《くんれんし》から声《こえ》をかけられます。内田《うちだ》さんも同《おな》じようにほかの訓練犬《くんれんけん》に声《こえ》をかけます。

呼《よ》ばれたアークがその訓練士《くんれんし》のところへ喜《よろこ》んで飛《と》んでいきます。頭《あたま》をなでてもらっていい気持《きも》ちになっていると、

「アーク、こっちこっち」

こんどは運動場《うんどうじょう》のはずれから別《べつ》の訓練士《くんれんし》のアークを呼《よ》ぶ声《こえ》が聞《き》こえます。気《き》がついたアークがハッとして、その訓練士《くんれんし》のほうへ向《む》かって走《はし》っていきます。これも、どの訓練士《くんれんし》の命令《めいれい》でも聞《き》いて〝人見知《ひとみし》り〟をしない犬《いぬ》にするために大切《たいせつ》なことなのです。

そのほか、行動《こうどう》がいつも生《い》き生《い》きしている犬《いぬ》か、どんな場所《ばしょ》でも怖《こわ》がらない犬《いぬ》か、人《ひと》に対《たい》してうなったり、かみつこうとする犬《いぬ》でないかなど、訓練士《くんれんし》は一頭《とう》一頭《とう》、毎日《まいにち》くわしく観察《かんさつ》していきます。

運動場《うんどうじょう》での訓練《くんれん》は、午前中《ごぜんちゅう》いっぱい続《つづ》きます。訓練《くんれん》が終《お》われば、犬《いぬ》は犬舎《けんしゃ》に入《い》れられて休憩《きゅうけい》します。訓練士《くんれんし》は勉強《べんきょう》もしなければなりませんし、訓練《くんれん》の施設《しせつ》を直《なお》したり、いろいろ訓練《くんれん》で問題《もんだい》が出《で》た犬《いぬ》についてみんなで話《はな》し合《あ》いをしたり、時《とき》には特別《とくべつ》な訓練《くんれん》もしなければなりません。午後五時《ごごじ》すぎ、訓練犬《くんれんけん》にエサをあげると、やっと訓練士《くんれんし》の一日《にち》は終《お》わります。

夕方《ゆうがた》のオシッコ出《だ》しの散歩《さんぽ》を終《お》える時《とき》、内田《うちだ》さんは犬舎《けんしゃ》の入《い》り口《ぐち》でかならず腰《こし》をおろしてアークと向《む》き合《あ》います。両手《りょうて》をアークの首《くび》に巻《ま》きながら、

「アーク、明日《あした》もがんばろうな」

そう言《い》ってから犬舎《けんしゃ》に入《い》れます。毎日《まいにち》くり返《かえ》していくと、アークは（うん、がんばる）と、目《め》で返事《へんじ》をするようになりました。

内田《うちだ》さんはアークのほかに、「テッド」という黒《くろ》いラブラドールのオスの犬《いぬ》も訓練《くんれん》していました。

二週間《しゅうかん》、三週間《しゅうかん》、四週間《しゅうかん》と、二頭《とう》の訓練《くんれん》が続《つづ》きます。ダミーには、いつの間《ま》にか麻薬《まやく》のにおいがつけられていました。

運動場《うんどうじょう》の土《つち》の中《なか》に埋《う》められたダミーをどれだけ早《はや》く見《み》つけることができるか、建物《たてもの》の床《ゆか》や壁《かべ》の中《なか》に隠《かく》したダミーを何回《なんかい》くり返《かえ》してでもかならず見《み》つけ出《だ》すことができるか、内田《うちだ》さんとアーク、それにテッドのきびしい訓練《くんれん》は続《つづ》きます。

7 途中《とちゅう》で帰《かえ》される候補犬《こうほけん》

ある日《ひ》、内田《うちだ》さんは訓練《くんれん》センター室《しつ》の藤田優《ふじたまさる》さんに、テッドのことを相談《そうだん》しました。

藤田《ふじた》さんは訓練士《くんれんし》の人《ひと》たち全員《ぜんいん》の責任者《せきにんしゃ》です。

「テッドはどうしても壁《かべ》の中《なか》に隠《かく》したダミーを見《み》つけられなかったり、見《み》つけるまでの時間《じかん》が遅《おそ》すぎるんです。壁《かべ》の訓練《くんれん》に弱《よわ》いようなんです。あと三日《みっか》で八週間目《しゅうかんめ》ですから、これから上達《じょうたつ》するかどうか……」

内田《うちだ》さんからのテッドの相談《そうだん》に藤田《ふじた》さんは、八週間《しゅうかん》の訓練《くんれん》が終《お》わってすぐにある中間《ちゅうかん》試験《しけん》で決《き》めようと答《こた》えました。

麻薬《まやく》探知《たんち》管理官《かんりかん》の藤田《ふじた》優《まさる》さん

センターでは六カ月《げつ》に一回《かい》、年《ねん》二回《かい》、訓練《くんれん》と試験《しけん》をすることによって、だいたい十五頭《とう》くらいの優秀《ゆうしゅう》な麻薬探知犬《まやくたんちけん》を誕生《たんじょう》させ、全国《ぜんこく》の空港《くうこう》や港《みなと》へ送《おく》り出《だ》しています。
中間試験《ちゅうかんしけん》の日《ひ》——。
訓練士《くんれんし》とがんばってきた犬《いぬ》たち

みんなが見《み》つめる中《なか》で中間《ちゅうかん》試験《しけん》が行《おこ》なわれる

が、センターの広場《ひろば》で、試験《しけん》を行《おこ》ないその結果《けっか》を出《だ》す藤田《ふじた》さんや先輩《せんぱい》のハンドラーの人《ひと》たちを待《ま》っています。

この日《ひ》までアークとレィといっしょに訓練《くんれん》を受《う》けた犬《いぬ》は十八頭《とう》だったのですが、中間試験《ちゅうかんしけん》を受《う》けられる犬《いぬ》は十三頭《とう》に減《へ》っていました。アークとレィは選《えら》ばれています。

藤田《ふじた》さんたちがやってきました。どの人《ひと》も手《て》には試験《しけん》の用紙《ようし》とペンを持《も》っています。

「それでは、中間試験《ちゅうかんしけん》を始《はじ》めます」

まだ暑《あつ》い九月《がつ》の太陽《たいよう》が照《て》りつけるセン

ターの施設《しせつ》で、人《ひと》と犬《いぬ》とが一つになって、麻薬《まやく》と闘《たたか》える犬《いぬ》になるためにくぐりぬけなければならない試験《しけん》に立《た》ち向《む》かったのです。

試験《しけん》が終《お》わって一週間《しゅうかん》が過《す》ぎました。犬舎《けんしゃ》で休《やす》んでいるアークが寂《さび》しそうな目《め》でぼんやりと「伏《ふ》せ」をして向《む》かいの壁《かべ》を見《み》ています。

この間《あいだ》までとなりの犬舎《けんしゃ》にいて仲良《なかよ》しだったテッドがいなくなったためです。テッドは中間試験《ちゅうかんしけん》に合格《ごうかく》できず、生《う》まれた神奈川県《かながわけん》の訓練所《くんれんじょ》に帰《かえ》されたのです。

「アーク、テッドのこと考《かんが》えてたんだろう？ 顔見《かおみ》りゃわかる。おれだって悲《かな》しいのは同《おな》じだ。でも元気《げんき》だしてがんばるっきゃないんだ。さあ、特別《とくべつ》サービスに外《そと》へ出《だ》してやろう」

犬舎《けんしゃ》にやってきた内田《うちだ》さんがアークに声《こえ》をかけると、入《い》り口《ぐち》を開《あ》けてくれました。

広《ひろ》い運動場《うんどうじょう》のすみにある一本《ぽん》の太《ふと》い木《き》の根元《ねもと》に腰《こし》をおろした内田《うちだ》さんは、アークをすぐ横《よこ》に座《すわ》らせました。

「おれはここで何頭《なんとう》もの犬《いぬ》たちと訓練《くんれん》をして、たくさんの犬《いぬ》を麻薬探知犬《まやくたんちけん》にした。でも何頭《なんとう》もの犬《いぬ》たちとも別《わか》れてきてるんだ。アークは初《はじ》めてでも、おれは何回《なんかい》もつらい思《おも》いをしてきているわけさ。税関《ぜいかん》で働《はたら》ける犬《いぬ》も、合格《ごうかく》できなかった犬《いぬ》も、おれにとってはみんな同《おな》じ相棒《あいぼう》でかわいい子《こ》なんだ。わかるか、アーク？」

名前《なまえ》を呼《よ》ばれたアークが、内田《うちだ》さんを見上《みあ》げました。内田《うちだ》さんの目《め》にうっすらと涙《なみだ》が光《ひか》っていました。パタッとアークが太《ふと》いしっぽを一回《かい》ふりました。内田《うちだ》さんに（わかった）と返事《へんじ》をしたのです。

「今日《きょう》から覚《かく》せい剤《ざい》とヘロインの訓練《くんれん》に入《はい》ります。みんな気持《きも》ちを引《ひ》きしめてがんばってください」

中間試験《ちゅうかんしけん》に合格《ごうかく》した犬《いぬ》たちに待《ま》っていたのは、もっときびしい訓練《くんれん》でした。残念《ざんねん》なことに、合格《ごうかく》した犬《いぬ》の中《なか》にレィの姿《すがた》もありませんでした。

レィはものすごいジェット機《き》の音《おと》を聞《き》くと集中力《しゅうちゅうりょく》がくずれてしまい、麻薬《まやく》を見《み》つける作業《さぎょう》を止《と》めたり、まったくやめてしまうことが時々《ときどき》あって、そのくせをどうしても直《なお》すことができなかったのです。

藤田《ふじた》さんは、レィの生《う》まれた大場訓練所《おおばくんれんじょ》に電話《でんわ》をしました。

「細《こま》かく、ていねいに仕事《しごと》はするんですが、残念《ざんねん》でした」

レィのとてもよいところを話《はな》し、母犬《ははいぬ》にしたらよい子犬《こいぬ》ができるでしょうと説明《せつめい》しました。

「残念《ざんねん》だがレィが帰《かえ》ってくるけど、こんどはよい子《こ》を産《う》んでもらって、また麻薬探知犬《まやくたんちけん》を目指《めざ》そう」

電話《でんわ》を切《き》った大場《おおば》さんは佐藤《さとう》さんに言《い》いました。佐藤《さとう》さんがニコッと笑《わら》って、コックリをひとつしました。

「アーク、もっとスピード、スピード」

「アーク、もう一回《かい》、かぎ直《なお》してみろ」

内田《うちだ》さんとアークのものすごい訓練《くんれん》が続《つづ》きます。あまりのきびしさに、内田《うちだ》さんもアークもすっかりやせてしまいました。

「ハハハッ、おれもアークも試合前《しあいまえ》のボクサーの減量《げんりょう》と同《おな》じだなあ」

ある日《ひ》の休憩時間《きゅうけいじかん》、いつもの木《き》のところから、内田《うちだ》さんの大《おお》きな笑《わら》い声《ごえ》が聞《き》こえてきました。内田《うちだ》さんが裸《はだか》になって、汗《あせ》びっしょりになったガリガリのお腹《なか》をたたいてアークに見《み》せています。

（ホント、内田《うちだ》さん、ガーリガリ）

見上《みあ》げているアークのお腹《なか》もペチャンコで、何本《なんぼん》ものあばら骨《ぼね》が浮《う》いて見《み》えています。

「あと一週間《しゅうかん》でこのつらい訓練《くんれん》が終《お》わる。その後《あと》の試験《しけん》に受《う》かれば、晴《は》れて麻薬探知《まやくたんち》犬《けん》になれる。がんばっていこうぜ、アーク」

内田《うちだ》さんは片《かた》ひざをついて、アークの目《め》の奥《おく》をジッと見《み》つめながら言《い》いました。

〝アフッ〟

アークは小《ちい》さな返事《へんじ》をすると、バタッと、しっぽをふって内田《うちだ》さんの目《め》を見続《みつづ》けました。

8 合格《ごうかく》、そして別《わか》れ

とうとう最後《さいご》の試験《しけん》の日《ひ》がやってきました。試験場所《しけんばしょ》は成田空港《なりたくうこう》です。アークたちの先輩《せんぱい》の麻薬探知犬《まやくたんちけん》が働《はたら》いている同《おな》じ場所《ばしょ》でやるのです。一日《にち》にジェット機《き》が何百機《なんびゃっき》も飛《と》びかうものすごい音《おと》や、あっちこっちから聞《き》こえてくる大《おお》きな音《おと》、そこで働《はたら》くたくさんの人間《にんげん》、そしていろんなにおいがいっぱいします。

車《くるま》の中《なか》の檻《おり》から降《お》ろされたアークは、まわりをグルッと見回《みまわ》しました。大《おお》きな建物《たてもの》の中《なか》で忙《いそが》しそうに働《はたら》く人《ひと》たちの声《こえ》、ゴォーッ、キィーンというジェット機《き》のものすごい音《おと》、パ、パ、パーッ、ゴォォォッという運搬車《うんぱんしゃ》の音《おと》が、右《みぎ》から左《ひだり》から、後《うし》ろからも聞《き》こえてきます。

「アーク、センターだって空港《くうこう》に近《ちか》いから大《おお》きな音《おと》には慣《な》れてただろうけど、ここの音《おと》にはびっくりだろ?」

内田《うちだ》さんがアークの耳《みみ》に顔《かお》を近《ちか》づけながら言《い》いました。

「犬《いぬ》の耳《みみ》はおれたち人間《にんげん》より二十倍《ばい》くらいもいいから、アークは大変《たいへん》だよな、わかる、わかる」

内田《うちだ》さんのやさしい声《こえ》がけに、アークは少《すこ》し落《お》ちついてきました。

目《め》の前《まえ》に運搬車《うんぱんしゃ》がきて、お客《きゃく》さんの荷物《にもつ》をどんどん降《お》ろしました。別《べつ》の人《ひと》がそれをターンテーブルのベルトの上《うえ》に置《お》きかえます。黒《くろ》いスーツケース、赤《あか》や青《あお》の大《おお》きなリュックサックなどが、ズラーッとベルトの上《うえ》に一列《れつ》に並《なら》べられました。その数《かず》は五十個以上《こいじょう》あるように見《み》えます。

「三番《ばん》、内田真也《うちだしんや》訓練士《くんれんし》、訓練犬《くんれんけん》アーク」

試験《しけん》の係《かか》りの人《ひと》の声《こえ》がひびきます。内田《うちだ》さんとアークの番《ばん》です。すぐ横《よこ》には藤田《ふじた》さんをはじめセンターの人《ひと》たちが右手《みぎて》にペン、左手《ひだりて》に試験用紙《しけんようし》を持《も》って立《た》っています。

「はじめ！」

係《かか》りの人《ひと》の声《こえ》といっしょにベルトが動《うご》き始《はじ》めました。

内田《うちだ》さんとアークが走《はし》って向《む》かった先《さき》は、動《うご》き始《はじ》めたベルトの一番最後《いちばんさいご》。その最後《さいご》から飛《と》び乗《の》ったアークが、一つひとつ荷物《にもつ》のにおいをかいで、大麻《たいま》や覚《かく》せい剤《ざい》が入《はい》った荷物《にもつ》を探《さが》し出《だ》すのです。

荷物《にもつ》は少《すこ》し離《はな》されて並《なら》べられています。かぎ終《お》わったアークが、次《つぎ》の荷物《にもつ》へ移《うつ》りやすくするためです。アークはベルトの上《うえ》に乗《の》って流《なが》れる荷物《にもつ》に鼻《はな》を集中《しゅうちゅう》させながら、ていねいに、においをかぎます。

でも、スピードを上《あ》げてやらないと、ベルトの先頭《せんとう》の荷物《にもつ》がお客《きゃく》さんの待《ま》っている仕切《しき》りカーテンの外《そと》へ出《で》て行《い》ってしまいます。

(早《はや》く調《しら》べなくちゃ)

アークははげしい作業《さぎょう》と、決《き》められた時間《じかん》との闘《たたか》いを続《つづ》けます。

二二個目《こめ》、二七個目《こめ》……、ていねいに荷物《にもつ》をかいでいたアークが、子供用《こどもよう》のような小《ちい》さなカバンに両方《りょうほう》の前足《まえあし》で〝カリカリ〟とツメを立《た》てました。

「グッド！　アーク、前《まえ》」

内田《うちだ》さんの命令《めいれい》でアークはカバンをヒョイと飛《と》び越《こ》えて、次《つぎ》の大《おお》きなスーツケースのにおいをかぎます。そのスピードはとても早《はや》く、右手《みぎて》にリードを持《も》った内田《うちだ》さんが、アークの仕事《しごと》の早《はや》さに合《あ》わせてベルトの横《よこ》を走《はし》ります。

アークが〝カリカリ〟とツメを立《た》てたカバンは、すぐに係《かか》りの人《ひと》がベルトから降《お》ろしました。

三十個《こ》、三五個《こ》……。アークが一生《いっしょう》けん命《めい》、作業《さぎょう》を続《つづ》けます。仕切《しき》りのカーテンが目《め》の前《まえ》に迫《せま》ってきました。荷物《にもつ》を飛《と》び越《こ》え、横《よこ》へまわり、また飛《と》び越《こ》えます。内田《うちだ》さんの小《ちい》さいけれど力強《ちからづよ》い「がんばれ！」という声《こえ》も聞《き》こえます。

「グッド、アーク。OK《オーケー》、OK《オーケー》」

先頭《せんとう》の荷物《にもつ》をかぎ終《お》わったアークが、ベルトから飛《と》び降《お》りました。最後《さいご》の荷物《にもつ》はカーテンをくぐるほんの三メートルぐらい手前《てまえ》でした。

ゼエゼエと荒《あら》い息《いき》をついているアークの首《くび》を内田《うちだ》さんは、手《て》のひらでやさしくなでながら「がんばったぞ、アーク。よくやった」と、ほめてあげました。

実《じつ》は、飛行機《ひこうき》から運《はこ》んできたお客《きゃく》さんの荷物《にもつ》の中《なか》に、一つだけ、係《かか》りの人《ひと》が用意《ようい》した荷物《にもつ》をまぜてありました。麻薬《まやく》のにおいをつけたダミーを布《ぬの》にしっかり包《つつ》んで隠《かく》して入《い》れておいた荷物《にもつ》が、まさにアークがツメを立《た》てたカバンだったのです。アークがこのほかの荷物《にもつ》に〝カリカリ〟をしなかったということは、この時《とき》のお客《きゃく》さんの荷物《にもつ》の中《なか》には麻薬類《まやくるい》はなかったということになります。

藤田《ふじた》さんとセンターの人《ひと》たちが集《あつ》まって、話《はな》し合《あ》いを始《はじ》めました。少《すこ》し離《はな》れた柱《はしら》の陰《かげ》で、内田《うちだ》さんがアークの首《くび》を両手《りょうて》でかかえるようにして、ほめています。

「きっとだいじょうぶ、えらい、えらい」

アークに顔《かお》を近《ちか》づけて内田《うちだ》さんが小《ちい》さな声《こえ》で言《い》いました。アークはハァッ、ハァッと大《おお》きな口《くち》を開《あ》けながら（ホント？）という目《め》で内田《うちだ》さんを見上《みあ》げています。

一週間後《しゅうかんご》――。

センターの会議室《かいぎしつ》から、声《こえ》が聞《き》こえてきました。

「アーク号《ごう》、合格《ごうかく》。ハンドラー、内田真也訓練士《うちだしんやくんれんし》」

大勢《おおぜい》の人《ひと》の拍手《はくしゅ》も聞《き》こえます。アークはとうとう麻薬探知犬《まやくたんちけん》になれたのです。

最後《さいご》の試験《しけん》を受《う》けた十三頭《とう》のうち、合格《ごうかく》したのはアークのほかに六頭《とう》しかいませんでした。

合格《ごうかく》した麻薬探知犬《まやくたんちけん》は、飛行機《ひこうき》や船《ふね》から降《お》ろされた貨物《かもつ》や荷物《にもつ》の検査《けんさ》をして、麻薬《まやく》の入《はい》った荷物《にもつ》をひっかいて知《し》らせる〝アグレッシブドッグ〟と、空港《くうこう》や港《みなと》のお客《きゃく》さんの持《も》ち物《もの》に隠《かく》された麻薬《まやく》を、その側《そば》に座《すわ》って知《し》らせる〝パッシブドッグ〟の、どちらかに分《わ》かれます。

パッシブドッグは、一度《ど》の仕事《しごと》で何百人《なんびゃくにん》もの人《ひと》たちの間《あいだ》を歩《ある》いてまわるので、絶対《ぜったい》にかみついたりすることは許《ゆる》されません。

人《ひと》ごみの中《なか》を静《しず》かに歩《ある》いて、ていねいに麻薬《まやく》のにおいを探《さが》すのですが、お客《きゃく》さんか

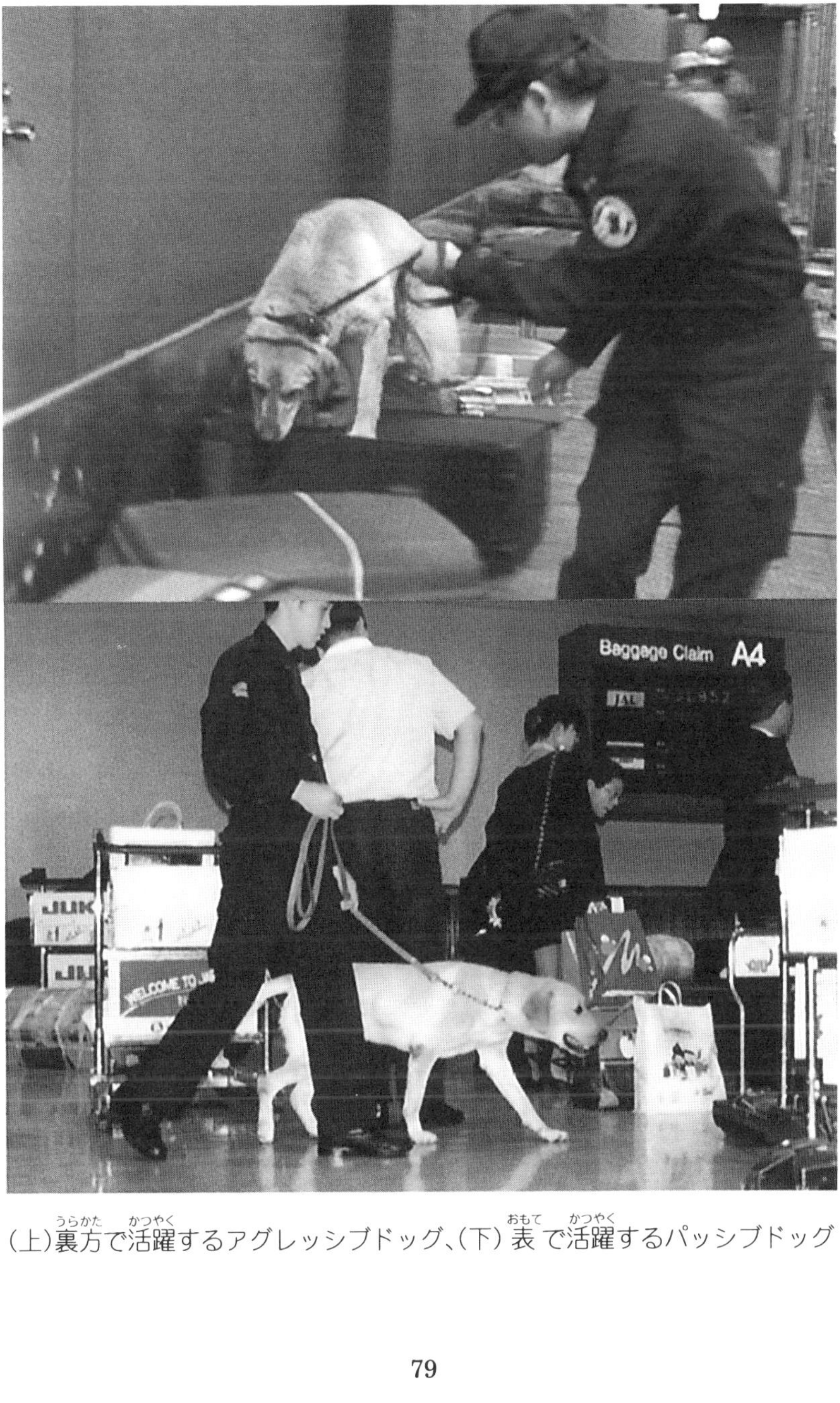

(上)裏方《うらかた》で活躍《かつやく》するアグレッシブドッグ、(下)表《おもて》で活躍《かつやく》するパッシブドッグ

ら「あら、かわいい」などと手《て》でさわられたり、時《とき》には足《あし》を踏《ふ》まれても決《けっ》してうなったり、かみつかないことを守《まも》れる犬《いぬ》でなければなりません。

アークは、素早《すばや》いスピードで活発《かっぱつ》に動《うご》くということで、アグレッシブドッグに選《えら》ばれました。

次《つぎ》の日《ひ》の朝《あさ》、まだ八時《じ》です。内田《うちだ》さんとアークは、仕事場《しごとば》である成田空港《なりたくうこう》の貨物《かもつ》の積《つ》みおろしの場所《ばしょ》で、外国《がいこく》からくる飛行機《ひこうき》を待《ま》っています。

「アーク、ここで働《はたら》いている犬《いぬ》は三五頭《とう》いる。みんなに負《ま》けないように、がんばろうな」

内田《うちだ》さんがアークに気合《きあ》いを入《い》れます。

(わかってます!)

アークが〝ウォフッ〟と力強《ちからづよ》く返事《へんじ》をします。

大《おお》きなジェット機《き》が着陸《ちゃくりく》しました。大勢《おおぜい》のお客《きゃく》さんが飛行機《ひこうき》から降《お》りてバスで到着《とうちゃく》ロビーに入《はい》ってきます。内田《うちだ》さんとアークの前《まえ》には、お客《きゃく》さんの荷物《にもつ》を山《やま》のように積《つ》んだ車《くるま》が次々《つぎつぎ》にやってきました。いよいよ検査《けんさ》の始《はじ》まりです。たくさんの荷物《にもつ》をのせたターンテーブルのベルトが動《うご》いて、お客《きゃく》さんが待《ま》っているロビーのほうへと流《なが》れていきます。

アークが、素早《すばや》く荷物《にもつ》を次々《つぎつぎ》に検査《けんさ》していきます。リードを持《も》ってその横《よこ》を走《はし》る内田《うちだ》さんと息《いき》がピッタリです。先頭《せんとう》の荷物《にもつ》まで行《い》ったアークがベルトから飛《と》び降《お》りて、元《もと》の場所《ばしょ》へ一気《いっき》に戻《もど》ります。二回目《かいめ》の新《あたら》しい荷物《にもつ》がまたズラリと並《なら》んでいます。

「GO《ゴー》!」

内田《うちだ》さんの命令《めいれい》で、またアークがベルトに飛《と》び乗《の》ります。右《みぎ》、前《まえ》、上《うえ》と、荷物《にもつ》の一つひとつをていねいに検査《けんさ》しては飛《と》び越《こ》えて、次《つぎ》の荷物《にもつ》に移《うつ》って行《い》くアークの姿《すがた》は、とても今日《きょう》が初仕事《はつしごと》の犬《いぬ》には見《み》えないほど立派《りっぱ》です。いつの間《ま》にか柱《はしら》の陰《かげ》で、藤田《ふじた》さんがアークの仕事《しごと》ぶりを見《み》ていました。でも、その顔《かお》は少《すこ》しも心配《しんぱい》している顔《かお》ではありませんでした。

アークと内田《うちだ》さんはこのようなことを一日《にち》、午前《ごぜん》二回《かい》、午後《ごご》三回《かい》の計《けい》五回《かい》もくり返《かえ》すので、人《ひと》も犬《いぬ》もとても体《からだ》が疲《つか》れます。

でも、半年《はんとし》、一年《ねん》とアークは内田《うちだ》さんと検査《けんさ》の仕事《しごと》を続《つづ》け、すっかり立派《りっぱ》な麻薬探知《まやくたんち》犬《けん》になりました。

アークは内田《うちだ》さんの指示命令《しじめいれい》に素早《すばや》く、そして絶対《ぜったい》に服従《ふくじゅう》します。ほかの犬《いぬ》といっしょに一生《いっしょう》けん命《めい》に仕事《しごと》をし、悪《わる》い人《ひと》が持《も》ちこんだ大麻《たいま》などを次々《つぎつぎ》に探《さが》し出《だ》しました。

〝大麻発見《たいまはっけん》〟〝覚《かく》せい剤発見《ざいはっけん》〟など、何件《なんけん》もの手柄《てがら》を立《た》てられるようになったのです。

「アークは、すごい！」

「仕事《しごと》ぶりが、ていねいだもんな」

ハンドラーの仲間《なかま》たちがアークをほめる声《こえ》に、内田《うちだ》さんの顔《かお》はニコニコ顔《がお》になってしまいます。

（アークはダミーと人間《にんげん》が大好《だいす》きな犬《いぬ》だったし、自分《じぶん》の言葉《ことば》を聞《き》くときの表情《ひょうじょう》が人間《にんげん》みたいだった。命令をパッとやってのけると、〈次はなに？　早く命令して〉って、次《つぎ》の言葉《ことば》を待《ま》っちゃうんだもんな。まるで人《ひと》と話《はな》しているみたいで、自分《じぶん》が楽《たの》しくなっちゃうもんな〉

でも、内田《うちだ》さんはいつもアークの頭《あたま》をなでながら言《い》い聞《き》かせるのです。

「アーク、一度《いちど》に最高《さいこう》の二一キロものヘロインを見《み》つけたのは、もう死《し》んでしまったけどシェパード犬《けん》のミッシェル号《ごう》だ。今《いま》おれたちとここでいっしょに働《はたら》いているラブラドール犬《けん》のティガが見《み》つけた大麻樹脂《たいまじゅし》の合計量《ごうけいりょう》が八キロを越《こ》えて、探知犬《たんちけん》の中《なか》でナンバーワンだ。だからさ、アーク、おれたちもがんばっていこーぜ！」

話《はなし》を聞《き》いているアークの目《め》は、ジッと内田《うちだ》さんの瞳《ひとみ》の中《なか》を見《み》つめて動《うご》きません。

「以上《いじょう》。わかったか？」

内田《うちだ》さんの言葉《ことば》に、〝ウォフッ〟とアークが答《こた》えました。

そんなある日《ひ》の夕方《ゆうがた》――。

仕事《しごと》から帰《かえ》ってエサをもらったアークが、うとうとしかけた時《とき》、ハンドラーの人《ひと》たちの部屋《へや》へ戻《もど》ったはずの内田《うちだ》さんが、悲《かな》しそうな顔《かお》をしてまた犬舎《けんしゃ》にやってきました。

「アーク、……お前《まえ》と、……お別《わか》れだ」

内田《うちだ》さんはアークを犬舎《けんしゃ》から連《つ》れだして、いつもの木《き》の下《した》へ座《すわ》りました。

「お前《まえ》には新《あたら》しいハンドラーが来《く》ることになったんだ。人事異動《じんじいどう》っていってな、仕事《しごと》をする場所《ばしょ》が変《か》わるんだ」

内田《うちだ》さんはアークの顔《かお》と体《からだ》をやさしくなでながら、小《ちい》さな声《こえ》で言《い》いました。

「おれはアークのハンドラーになるためにやってくる新《あたら》しい人《ひと》に、ハンドラーとしての訓練《くんれん》を教《おし》えるインストラクターっていうのになるから、そんなに寂《さび》しがることはないよ。今《いま》までがんばってきてくれてありがとう、アーク」

内田《うちだ》さんのつぶやくような小《ちい》さな声《こえ》に、〝クゥウ〟とアークが答《こた》えました。

いつの間《ま》にか夕陽《ゆうひ》が落《お》ちて、周《まわ》りは暗《くら》くなっていました。

9　犬好《いぬず》きの新《しん》ハンドラー

次《つぎ》の日《ひ》の朝《あさ》、内田《うちだ》さんが若《わか》い男《おとこ》の人《ひと》といっしょに犬舎《けんしゃ》にやってきました。

「アーク、今日《きょう》からお前《まえ》の訓練《くんれん》はこの人《ひと》、筑紫君《ちくしくん》が引《ひ》きつぐことになったからな」

内田《うちだ》さんは犬舎《けんしゃ》からアークを出《だ》してやりながら、背《せ》の高《たか》いその人《ひと》の前《まえ》で言《い》いました。

「アーク、おれ、筑紫貢《ちくしみつぐ》っていうんだ、よろしくネ」

筑紫《ちくし》さんはアークの前《まえ》で腰《こし》をおろして、アークと同《おな》じ目《め》の高《たか》さになって頭《あたま》をなでながら言《い》いました。

アークはしっぽをパタパタとゆっくりふって答《こた》えました。

「じゃ、アーク、こんどは筑紫君《ちくしくん》と検査《けんさ》の仕事《しごと》がんばるんだぞ」

アークの二人目《ふたりめ》のハンドラー筑紫《ちくし》貢《みつぐ》さん

内田《うちだ》さんは犬舎《けんしゃ》を離《はな》れていきました。

筑紫《ちくし》さんはアークの首輪《くびわ》にリードをつけると、運動場《うんどうじょう》へ歩《ある》きだしました。筑紫《ちくし》さんは内田《うちだ》さんからハンドラーを引《ひ》きついだのですが、まずその第一歩《だいいっぽ》としてアークと心《こころ》を一つにすることが新《あたら》しいハンドラーとして必要《ひつよう》だと言《い》われていたので、（散歩《さんぽ》とか話《はな》しかけをいっぱいすることが大事《だいじ》だな）と考《かんが》えながら、運動場《うんどうじょう》の端《はし》から端《はし》をゆっくり時間《じかん》をかけて散歩《さんぽ》させました。

散歩《さんぽ》をたっぷりさせてやった筑紫《ちくし》さんは、犬舎《けんしゃ》の前《まえ》でアークの体《からだ》をブラシでせっせとこすってあげながら、小《ちい》さな声《こえ》でアークに話《はな》しかけました。

「アーク、おれはハンドラーとしてまったく経験《けいけん》がない新人《しんじん》だろ？　アークは内田《うちだ》さんともう二年《ねん》近《ちか》くも検査《けんさ》の仕事《しごと》やってきたベテランじゃん？　……だからさ、お前《まえ》のほうが検査《けんさ》の仕事《しごと》は先輩《せんぱい》ってことになるよな？　……いろいろ教《おし》えてくれよ、頼《たの》む！　アーク先輩《せんぱい》！」

アークはゴシゴシとブラッシングしてもらっている体《からだ》がとても気持《きも》ちいいため、目《め》を細《ほそ》くしてジッと聞《き》いているだけでした。

＊

筑紫《ちくし》さんは一九七五年《ねん》六月《がつ》十一日《にち》、九州《きゅうしゅう》の長崎県南高来郡深江町《ながさきけんみなみたかきぐんふかえちょう》という所《ところ》で生《う》まれました。お父《とう》さんの豊《ゆたか》さんは土建業《どけんぎょう》といって、道路《どうろ》を工事《こうじ》したり、家《いえ》を建《た》てる時《とき》にいろいろな仕事《しごと》をする大《おお》きな機械《きかい》をつけた車《くるま》で仕事《しごと》をする人《ひと》です。

お母《かあ》さんの智子《ともこ》さんは、野菜《やさい》を作《つく》るのと食用《しょくよう》の牛《うし》を飼《か》うのが仕事《しごと》です。深江町《ふかえちょう》は、食用《しょくよう》の黒《くろ》い牛《うし》がとても有名《ゆうめい》なのです。

お父《とう》さんの生《う》まれた家《いえ》は深江町《ふかえちょう》で農業《のうぎょう》をしていました。お父《とう》さんは「生《う》まれた時《とき》から犬《いぬ》を飼《か》っていた」というほどの犬好《いぬず》きですし、お母《かあ》さんの生《う》まれた家《いえ》の人《ひと》たちも大《だい》の犬《いぬ》好《ず》きで「わたしのお母《かあ》さんは犬《いぬ》を背負《せお》って学校《がっこう》へ行《い》ったほどの犬《いぬ》好《ず》き」とお母《かあ》さんは笑《わら》います。……だから、貢《みつぐ》さんの家族《かぞく》は〝みんな犬《いぬ》好《ず》き〟ということが分《わ》かります。

貢《みつぐ》さんには貴子《たかこ》さんというお姉《ねえ》さんがいます。お父《とう》さんとお母《かあ》さんは毎日《まいにち》、仕事《しごと》で忙《いそが》しく、幼《おさな》かった貢《みつぐ》さんの世話《せわ》は貴子《たかこ》さんがしていました。貢《みつぐ》さんはやさしい貴子《たかこ》さんが大好《だいす》きでしたが、貴子《たかこ》さんによく叱《しか》られもしました。

それは貢《みつぐ》さんが貴子《たかこ》さんを驚《おどろ》かせるようないたずらを毎日《まいにち》のようにするからです。

貢《みつぐ》さんの家《いえ》ではニワトリをたくさん飼《か》っていました。卵《たまご》を産《う》ませるためです。ニワトリは庭《にわ》に放《はな》し飼《が》いで飼《か》っていて、虫《むし》とかミミズなどをいっぱい食《た》べているので、とてもおいしい卵《たまご》を産《う》みました。

「今日《きょう》はこーんなに産《う》んでくれたわ」

ある日曜日《にちようび》の朝《あさ》、貴子《たかこ》さんはニワトリ小屋《ごや》から、ザルにいっぱい卵《たまご》を入《い》れて出《で》てきました。

（畑《はたけ》からお母《かあ》さんが帰《かえ》ってくるから、お昼《ひる》ごはんのおかずにハムエッグでも作《つく》ってお

いてあげよっかな）

貴子《たかこ》さんは庭《にわ》をつっきって、家《いえ》の台所《だいどころ》の入《い》り口《ぐち》へ歩《ある》いていきました。

と、その時《とき》――、貴子《たかこ》さんの目《め》の前《まえ》に伏《ふ》せてあった、野菜《やさい》を運《はこ》ぶのに使《つか》う四角《しかく》いカゴがヒョコーンと動《うご》いて近《ちか》づいてきたのです。

「キャーッ」

驚《おどろ》いた貴子《たかこ》さんは手《て》に持《も》っていたザルを地面《じめん》に落《お》としてしまいました。卵《たまご》は一つ残《のこ》らず割《わ》れてしまいました。カゴは地面《じめん》をヒョコヒョコ動《うご》いて、貴子《たかこ》さんのほうにどんどん近《ちか》づいてきました。

「な、何《なん》なの、コレ!?」

貴子《たかこ》さんは大《おお》きな声《こえ》をあげて飛《と》びのきました。

〝ワン！〟

動《うご》くカゴの下《した》から顔《かお》を出《だ》したのは、飼《か》っているヨークシャテリア犬《けん》のメリーでした。

「貢《みつぐ》！　またこんなことして。どこに隠《かく》れてんの？　早《はや》く出《で》てらっしゃい！」

怒《おこ》った貴子《たかこ》さんは叫《さけ》びながらあたりをキョロキョロ見《み》まわしました。

そんな貴子《たかこ》さんを貢《みつぐ》さんは、すぐそばのミカンの木《き》の陰《かげ》に隠《かく》れて、口に手《て》をやりながら笑《わら》いを必死《ひっし》でこらえていました。

貢《みつぐ》さんの家《いえ》にはいつも黒《くろ》い色《いろ》をした肉用《にくよう》の牛《うし》がいました。無事《ぶじ》に子牛《こうし》が産《う》まれると家族《かぞく》みんなで大喜《おおよろこ》びしました。子牛《こうし》がどんどん大《おお》きく育《そだ》っていくことも家族《かぞく》にとってうれしいことでした。

でも子供《こども》の貢《みつぐ》さんは、大人《おとな》になった牛《うし》を見《み》ると、とても悲《かな》しい気持《きも》ちになってしまいます。それは、牛《うし》が近《ちか》いうちに売《う》られてしまうからです。

ある時《とき》、お父《とう》さんが貢《みつぐ》さんに牛《うし》を育《そだ》てる仕事《しごと》の説明《せつめい》をしました。

「日本中《にほんじゅう》の人《ひと》たちがおいしい牛肉《ぎゅうにく》を待《ま》っているんだよ。牛《うし》や豚《ぶた》を育《そだ》てる人《ひと》がいないとどうなる？　赤《あか》ちゃんを産《う》むために栄養《えいよう》をつけなきゃいけないお母《かあ》さんになる人《ひと》にも、家族《かぞく》のために一生《いっしょう》けん命《めい》に働《はたら》いているお父《とう》さんや若《わか》い人《ひと》たちにも、肉《にく》は大切《たいせつ》な食《た》べ物《もの》なんだよ……。お前《まえ》だって友達《ともだち》だってみんな肉《にく》は好《す》きだろ？　そこをよく考《かんが》えて。牛《うし》や豚《ぶた》、ニワトリなどを育《そだ》てている人《ひと》たちは、動物《どうぶつ》の命《いのち》の尊《とうと》さ、ありがたさをよーくわかって育《そだ》てているんだ。だから、その肉《にく》を食《た》べる人間《にんげん》はみんな感謝《かんしゃ》の気持《きも》ちを忘《わす》れてはいけないよね」

貢《みつぐ》さんはお父《とう》さんの話《はなし》で、牛《うし》を飼《か》う仕事《しごと》がとても大切《たいせつ》で、たくさんの人《ひと》のためになっていることがよく分《わ》かりました。

貢《みつぐ》さんの家《いえ》には、貢《みつぐ》さんが生《う》まれる前《まえ》から犬《いぬ》がいました。猟《りょう》をするビーグル犬《けん》をお父《とう》さんが友達《ともだち》からもらってきたのです。

貢《みつぐ》さんが五歳《さい》の時《とき》――、ミカン畑《ばたけ》で迷子《まいご》になっていたヨークシャテリア犬《けん》のメスの成犬《せいけん》をお母《かあ》さんが拾《ひろ》ってきて飼《か》うことになったのが、メリーでした。

メリーと貢《みつぐ》さんはいつもいっしょに遊《あそ》んでいました。貢《みつぐ》さんが寂《さび》しい時《とき》に「メリー、きて」というと、メリーは飛《と》んでいって、ベソをかいている貢《みつぐ》さんのほっぺたをペロペロなめてあげたり、〃遊《あそ》ぼう！〃と誘《さそ》って走《はし》りっこを始《はじ》めたりしました。

でも、貢《みつぐ》さんは何回《なんかい》もメリーにかみつかれてしまいました。それはメリーがご飯《はん》を食《た》べている時《とき》に体《からだ》にさわったり、昼寝《ひるね》をしているメリーにそーっと近《ちか》づいて、しっぽをつかんで思《おも》いっきり引《ひ》っぱったりするからです。

「まーた、かまれちゃったの？　貢《みつぐ》のおバカさん」

そんな時《とき》は決《き》まって貴子《たかこ》さんが薬《くすり》をつけてくれました。

「貢《みつぐ》、メリーにかまれるってことは、メリーが嫌《いや》だってことなのよ。いいかげんに、さわっていい時《とき》と、さわっちゃいけない時《とき》をおぼえなさい。そのうちメリーに本当《ほんとう》に嫌《きら》われちゃうよ」

お母《かあ》さんからも注意《ちゅうい》されました。

でも、貢《みつぐ》さんにとってメリーは大事《だいじ》な遊《あそ》び相手《あいて》で、友達《ともだち》でもありました。

六歳《さい》、七歳《さい》……、貢《みつぐ》さんとメリーは兄妹《きょうだい》みたいに過《す》ごしました。そして貢《みつぐ》さんが八歳《さい》の小学校《しょうがっこう》二年生《ねんせい》の冬《ふゆ》、メリーはフィラリアという病気《びょうき》で死《し》んでしまいました。十歳《さい》くらいだったろうと、動物病院《どうぶつびょういん》の先生《せんせい》が言《い》いました。

貢《みつぐ》さんは、悲《かな》しくて何日《なんにち》もの間《あいだ》、ひとりになると涙《なみだ》があふれてきました。家《いえ》の人《ひと》たちも同《おな》じ気持《きも》ちでした。

「もう犬《いぬ》を飼《か》うのはやめようよ。死《し》んだらこんなに悲《かな》しいんだもんね」

貴子《たかこ》さんが言《い》いました。貢《みつぐ》さんも、

「ぼくももう絶対飼《ぜったいか》わない」

と言《い》いました。

ところが、貢《みつぐ》さんの家《いえ》から犬《いぬ》の姿《すがた》が消《き》えてから一年《ねん》が過《す》ぎたある日《ひ》、かわいいダックスフンド犬《けん》の子犬《こいぬ》をお父《とう》さんが家《いえ》に連《つ》れてきました。

「お父《とう》さんの友達《ともだち》の家《いえ》で生《う》まれたんだ。見《み》せてもらったらホラ、こんなにかわいいだろ？　かわいい、かわいいって言《い》ったら、くれたんだよ。まだ生《う》まれて二カ月《げつ》だって」

お父《とう》さんから子犬《こいぬ》を手《て》わたされた貢《みつぐ》さんの目《め》は、まん丸《まる》になってしまいました。

「かわいい！　オス？　メス？」

「女《おんな》の子《こ》だ」

貢《みつぐ》さんの質問《しつもん》に答《こた》えたお父《とう》さんが、続《つづ》けて言《い》いました。

「お前《まえ》はもう四年生《ねんせい》だから、ちゃんとお前《まえ》が世話《せわ》をしなさい。飼《か》い主《ぬし》は貢《みつぐ》でいいから。そのかわり、飼《か》い主《ぬ》として散歩《さんぽ》やエサやりに責任《せきにん》を持《も》つこと、わかったか？」

「貢《みつぐ》がどうしてもーって時《とき》は、あたしが世話《せわ》をしてあげる」

貴子《たかこ》さんがやさしい声《こえ》になって、子犬《こいぬ》に頬《ほお》ずりをしながら言《い》いました。

この日《ひ》から貢《みつぐ》さんの家《いえ》ではまた「犬《いぬ》」の姿《すがた》が見《み》られるようになりました。

ボビーと名《な》づけられた子犬《こいぬ》はとても元気《げんき》で、こげ茶色《ちゃいろ》をした小《ちい》さな体《からだ》はどんどん大《おお》きくなりました。貢《みつぐ》さんはお父《とう》さんとお母《かあ》さんとの約束《やくそく》を守《まも》って、よく世話《せわ》をしました。

散歩《さんぽ》はいつも牛《うし》が草《くさ》を食《た》べる牧草地《ぼくそうち》でした。ボビーはバッタやカエルを追《お》いかけたり、草《くさ》の茂《しげ》みから飛《と》び立《た》つ鳥《とり》に驚《おどろ》いたりしながら、貢《みつぐ》さんといっしょに遊《あそ》びました。

草《くさ》むらに隠《かく》れたボビーを貢《みつぐ》さんが呼《よ》ぶと、とんでもない所《ところ》から〝はーい〟といわんばかりに飛《と》び出《だ》してきて、頭《あたま》から貢《みつぐ》さんの体《からだ》に体当《たいあ》たりをして驚《おどろ》かせたりしました。

ところが、やっと一歳《さい》になったころ突然《とつぜん》、ボビーが病気《びょうき》で死《し》んでしまいました。獣医《じゅうい》さんに診《み》てもらったのですが、とうとう病気《びょうき》の名前《なまえ》は分《わ》かりませんでした。

貢《みつぐ》さんは悲《かな》しくてしかたがありませんでした。何日《なんにち》も何日《なんにち》も泣《な》きました。楽《たの》しかったボビーのことをすぐ思《おも》い出《だ》して涙《なみだ》がこぼれてしまうのです。

でも貢《みつぐ》さんは、（もう犬《いぬ》は絶対飼《ぜったいか》わない）とは思《おも》わずに、（なぜ死《し》んでしまったのだろう？　どんな病気《びょうき》だったんだろう？）、（自分《じぶん》の世話《せわ》が悪《わる》かったんだろうか）、（なぜ犬《いぬ》は人《ひと》になつく動物《どうぶつ》になったんだろう）、（犬《いぬ》って人間《にんげん》といつ頃《ごろ》からいっしょに暮《く》らし始《はじ》めたんだろう）……というようなことを思《おも》うようになり、いろいろな犬《いぬ》の本《ほん》を読《よ》んで勉強《べんきょう》しました。

五年生《ねんせい》の春《はる》――、貢《みつぐ》さんの家《いえ》にはまた犬《いぬ》の姿《すがた》がありました。お父《とう》さんの仕事先《しごとさき》の人《ひと》から「飼《か》えなくなって困《こま》っている、飼《か》ってくれないか」と言《い》われたので引《ひ》き取《と》ることにしたのです。

もう十歳《さい》になる「ジョン」という名前《なまえ》のダルメシアン犬《けん》で、ウサギを捕《と》るのが得意《とくい》な猟犬《りょうけん》でした。貢《みつぐ》さんは大《おお》きなジョンを初《はじ》めて見《み》た時《とき》、ディズニー映画《えいが》の〝百一匹《ひゃくいっぴき》ワンちゃんの犬《いぬ》だ〟と大感激《だいかんげき》して喜《よろこ》びました。牧草地《ぼくそうち》へ連《つ》れて行《い》くと、ウサギはいないかと、得意《とくい》の鼻《はな》を地面《じめん》に押《お》しつけて歩《ある》く姿《すがた》に貢《みつぐ》さんは大笑《おおわら》いしました。

一年《ねん》くらい過《す》ぎたある日《ひ》、貢《みつぐ》さんが学校《がっこう》から帰《かえ》ってくると、ジョンの姿《すがた》がありません。ジョンはお父《とう》さんが友達《ともだち》から「猟犬《りょうけん》がいなくて困《こま》っているのでぜひ」と相談《そうだん》され、断《こと》わりきれずに譲《ゆず》ったのです。

お父《とう》さんは貢《みつぐ》さんに「すまん、すまん」と、あやまりましたが、ショックを受《う》けた貢《みつぐ》さんは、お父《とう》さんに体当《たいあ》たりして組《く》みつきました。悲《かな》しくて涙《なみだ》が止《と》まりませんでした。スラッとした白《しろ》い体《からだ》に黒《くろ》い点々《てんてん》模様《もよう》の美《うつく》しいジョンとは、もう二度《にど》と会《あ》えなくなったのです。

中学生《ちゅうがくせい》になった貢《みつぐ》さんは部活《ぶかつ》や勉強《べんきょう》、高校受験《こうこうじゅけん》の準備《じゅんび》など、とても忙《いそが》しい毎日《まいにち》になったため、犬《いぬ》を飼《か》うことができませんでした。

10 雲《うん》仙《ぜん》普《ふ》賢《げん》岳《だけ》の噴《ふん》火《か》

一九九〇年《ねん》十一月《がつ》十七日《にち》。貢《みつぐ》さんの住《す》んでいる深江町《ふかえちょう》のシンボルでもある雲仙普賢《うんぜんふげん》岳《だけ》が突然《とつぜん》、噴火《ふんか》しました。この山《やま》は昔《むかし》は火山《かざん》だったのですが、この日《ひ》、一九八年《ねん》ぶりに火《ひ》をふいたのです。

生《う》まれた時《とき》から普賢岳《ふげんだけ》を見《み》て育《そだ》ってきた貢《みつぐ》さんは、驚《おどろ》いて声《こえ》も出《で》ませんでした。

普賢岳《ふげんだけ》は国立公園《こくりつこうえん》にもなっていて春《はる》はツツジ、夏《なつ》は目《め》のさめるような美《うつく》しい緑《みどり》、秋《あき》は夢《ゆめ》の中《なか》にいるような赤《あか》や黄色《きいろ》に山全体《やまぜんたい》が染《そ》まります。そんな美《うつく》しい山《やま》が、今《いま》は高《たか》さ一三五九メートルもある山頂《さんちょう》から高温《こうおん》の岩石《がんせき》がくずれ落《お》ちて、となりの島原《しまばら》の街《まち》や深江《ふかえ》町《ちょう》に向《む》かって流《なが》れてくるのです。

もくもくと空《そら》へ立《た》ちのぼるものすごい噴煙《ふんえん》と、美《うつく》しい秋《あき》の山《やま》をなめるように流《なが》れてくる「火砕流《かさいりゅう》」に町中《まちじゅう》の人《ひと》が驚《おどろ》きました。火砕流《かさいりゅう》とは、高温《こうおん》の火山灰《かざんばい》や軽石《かるいし》などがまざり合《あ》ったもので、ものすごいスピードで山《やま》を流《なが》れ下《くだ》ってきます。

町《まち》の人《ひと》たちは、安全《あんぜん》な場所《ばしょ》へ避難《ひなん》するよう、役場《やくば》や県《けん》の役所《やくしょ》から命令《めいれい》されました。警察《けいさつ》や陸上自衛隊《りくじょうじえいたい》なども加《くわ》わった災害警戒本部《さいがいけいかいほんぶ》がつくられ、町《まち》の人《ひと》たちはその命令《めいれい》にしたがって生活《せいかつ》しなければならなくなりました。

噴火《ふんか》はなかなかおさまらず、とうとうお正月《しょうがつ》が過《す》ぎ、春《はる》がきても町《まち》は危険《きけん》な状態《じょうたい》が続《つづ》きました。

そして、六月三日《がつみっか》には大火砕流《だいかさいりゅう》となり、とうとう島原市《しまばらし》では四三人《にん》もの多《おお》くの命《いのち》がうばわれました。

深江町《ふかえちょう》では人《ひと》が亡《な》くなる被害《ひがい》こそなかったものの、多《おお》くの家《いえ》が火砕流《かさいりゅう》や土石流《どせきりゅう》（川底《かわぞこ》の土《つち》と石《いし》が流《なが》れてくる）によって、壊《こわ》されたり焼《や》かれたり、埋《う》まってしまいました。

森《もり》や草原《そうげん》、畑《はたけ》や学校《がっこう》なども、火山灰《かざんばい》が何《なん》カ月《げつ》にもわたって降《ふ》ったことで大《おお》きな被害《ひがい》となりました。さらに、有明《ありあけ》の海《うみ》にも被害《ひがい》はおよびました。

また、町《まち》ではそういう被害《ひがい》にあった人《ひと》たちのために仮設住宅《かせつじゅうたく》を造《つく》ったのですが、家《いえ》を失《うしな》った人《ひと》たちはとても不便《ふべん》な生活《せいかつ》をすることになってしまいました。国《くに》からは天皇《てんのう》・皇后《こうごう》両陛下《りょうへいか》や、皇太子《こうたいし》・皇太子妃《こうたいしひ》ご夫妻《ふさい》も、住民《じゅうみん》を励《はげ》ますために町《まち》を訪《たず》ねてこられました。

一九九五年《ねん》十二月《がつ》、発生《はっせい》から五年《ねん》がたって普賢岳《ふげんだけ》は地獄《じごく》のような恐《おそ》ろしい噴火《ふんか》をやめました。陸上自衛隊《りくじょうじえいたい》の「雲仙普賢岳噴火災害派遣隊《うんぜんふげんだけふんかさいがいはけんたい》」が十二月《がつ》十六日《にち》に帰《かえ》っていったことで、やっと深江町《ふかえちょう》や周辺《しゅうへん》の町《まち》にも平穏《へいおん》な日《ひ》がもどってきました。

普賢岳噴火《ふげんだけふんか》で町中《まちじゅう》が苦《くる》しんでいた時《とき》、貢《みつぐ》さんは高校生《こうこうせい》でした。貢《みつぐ》さんの家《いえ》は幸《さいわ》いにも火砕流《かさいりゅう》や土石流《どせきりゅう》の被害《ひがい》にもあいませんし、集団《しゅうだん》で避難《ひなん》をすることもありませんでした。

でも、飼《か》っていた二頭《とう》の親牛《おやうし》と一頭《とう》の子牛《こうし》は、親戚《しんせき》の家《いえ》の車庫《しゃこ》を借《か》りて移《うつ》しました。一カ月《げつ》、二カ月《げつ》とたつうちに、親戚《しんせき》の人《ひと》も世話《せわ》が大変《たいへん》だろうということになり、牛《うし》を飼《か》っている知《し》り合《あ》いの人《ひと》に売《う》ることにしたのです。貢《みつぐ》さんが生《う》まれてからずっと家《いえ》にいた牛《うし》の姿《すがた》は、この三頭《とう》が最後《さいご》になったのです。牛《うし》の世話《せわ》を何十年《なんねん》もしてきたお母《かあ》さんは、普賢岳《ふげんだけ》の煙《けむり》を見《み》ながら何日《なんにち》もとても悲《かな》しい気持《きも》ちになりました。

貢《みつぐ》さんはお父《とう》さんやお母《かあ》さん、お姉《ねえ》さんの知《し》り合《あ》いの人《ひと》や、学校《がっこう》の友達《ともだち》から、噴火《ふんか》の被害《ひがい》にあった家《いえ》のこととか、仮設住宅《かせつじゅうたく》で暮《く》らしている人《ひと》たちの話《はなし》を聞《き》いたり、時《とき》には見《み》に行《い》ったりしました。

でも、貢《みつぐ》さんは自分《じぶん》が高校生《こうこうせい》なので（気《き》の毒《どく》だなあ、大変《たいへん》だろうなあ）と思《おも》うことしかできませんでした。

（体育館《たいいくかん》や仮設住宅《かせつじゅうたく》で暮《く》らす人《ひと》たちのことを思《おも》えば、こうして自分《じぶん》の家《いえ》で生活《せいかつ》できることを感謝《かんしゃ》しなくちゃ……）

貢《みつぐ》さんは地元《じもと》のテレビや新聞《しんぶん》の記事《きじ》を見《み》るたびに、自分《じぶん》に言《い》い聞《き》かせました。

そんなある日《ひ》――。

仮設住宅《かせつじゅうたく》や体育館《たいいくかん》で暮《く》らす人《ひと》たちが、それまで飼《か》っていた犬《いぬ》や猫《ねこ》を置《お》き去《ざ》りにしなくてはならなくなっていて、そんな犬《いぬ》や猫《ねこ》を助《たす》けようとする人《ひと》たちが施設《しせつ》を作《つく》ったことを知《し》りました。よく調《しら》べてみると、ボランティアで寄《よ》せられるエサ代《だい》には限《かぎ》りがあったり、避難生活《ひなんせいかつ》が長引《ながび》いているため「自分《じぶん》の家《いえ》ではこれ以上《いじょう》、犬《いぬ》や猫《ねこ》を飼《か》い続《つづ》けられない」という人《ひと》がたくさんいて、新《あたら》しい飼《か》い主《ぬし》を見《み》つけるために〝里親募集《さとおやぼしゅう》〟をはじめたということも分《わ》かりました。

(不幸《ふこう》な犬《いぬ》の新《あたら》しい飼《か》い主《ぬし》になることなら、おれにもできる！)

貢《みつぐ》さんは、自分《じぶん》の家《いえ》が里親《さとおや》になれないかと、お父《とう》さんとお母《かあ》さんに頼《たの》みました。

「忙《いそが》しいのに……、世話《せわ》はだいじょうぶか？」

「うん。約束《やくそく》する」

お父《とう》さんに元気《げんき》な声《こえ》で返事《へんじ》をした貢《みつぐ》さんの顔《かお》がパッと明《あか》るくなりました。

それは、不幸《ふこう》な犬猫《いぬねこ》の命《いのち》を助《たす》けるためにがんばっているボランティアの人《ひと》たちに、自分《じぶん》も協力《きょうりょく》できたという喜《よろこ》びがあったからです。

貢《みつぐ》さんは次《つぎ》の日曜日《にちようび》、お父《とう》さんの運転《うんてん》する車《くるま》で施設《しせつ》に行《い》きました。施設《しせつ》には百匹《びき》くらいの犬《いぬ》と猫《ねこ》がいて、大勢《おおぜい》のボランティアの人《ひと》たちが世話《せわ》をしていました。

貢《みつぐ》さんは仮《かり》の犬舎《けんしゃ》にいる犬《いぬ》たちを静《しず》かに見《み》てまわりました。そして、悲《かな》しそうな目《め》をした犬《いぬ》が多《おお》いことに気《き》がつき、胸《むね》の奥《おく》が痛《いた》くなりました。犬舎《けんしゃ》の奥《おく》で背中《せなか》を向《む》けて丸《まる》くなっている犬《いぬ》もいます。貢《みつぐ》さんは考《かんが》えました。

(飼《か》えなくなったからと飼《か》い主《ぬし》に連《つ》れてこられた犬《いぬ》や、パニックで迷子《まいご》になった犬《いぬ》にしてみれば、やっぱり飼《か》い主《ぬし》の家《いえ》にもどりたいもんな……)

案内《あんない》していたボランティアのおばさんが、ある犬舎《けんしゃ》の前《まえ》で足《あし》を止《と》めました。

「この子《こ》ね、すぐどっかへ行《い》っちゃうってクセがあるみたいで、みんなで〝迷子《まいご》のまいちゃん〟って言《い》ってるの」

おばさんの説明《せつめい》してくれた犬《いぬ》は、ふさふさとした白《しろ》くて長《なが》い毛《け》の小《ちい》さな犬《いぬ》でした。

「前《まえ》に飼《か》っていたメリーに似《に》てるな」

「うん、この犬《いぬ》もメスだよ」

お父《とう》さんも貢《みつぐ》さんも、まだ生《う》まれて五カ月《げつ》ほどのその犬《いぬ》がすっかり気《き》に入《い》りました。

貢《みつぐ》さんが抱《だ》き上《あ》げると子犬《こいぬ》は顔《かお》をペロペロなめたり、しっぽをふってじゃれついてきました。

帰《かえ》りの車《くるま》の中《なか》には、まいちゃんの姿《すがた》がありました。ふたりがとても気《き》に入《い》ったからです。

「家《いえ》をなくしたり、不便《ふべん》な生活《せいかつ》をしなくちゃならなくなった人《ひと》は本当《ほんとう》に気《き》の毒《どく》だけど、動物《どうぶつ》たちもつらい目《め》にあっている……。人《ひと》の命《いのち》も大切《たいせつ》だけど動物《どうぶつ》の命《いのち》も大切《たいせつ》にしてやらないといかん。いろんなことで人間《にんげん》も動物《どうぶつ》に助《たす》けられているんだから」

運転《うんてん》するお父《とう》さんの話《はなし》を聞《き》いている貢《みつぐ》さんの胸《むね》の中《なか》で、まいちゃんはスヤスヤと眠《ねむ》っています。

次《つぎ》の日《ひ》、まいちゃんは「ララ」になりました。名前《なまえ》をつけたのはお母《かあ》さんでした。

「ふふふ、何《なん》となく楽《たの》しくなる名前《なまえ》でしょ？　ララ、ララ。ラーラ、ほら、ね」

目《め》を細《ほそ》めながらララに頬《ほお》ずりするお母《かあ》さんを見《み》て貢《みつぐ》さんはクスッと笑《わら》ってしまいました。

「名前《なまえ》をつけたお母《かあ》さんのほうがララ気分《きぶん》でとっても楽《たの》しそうよ」

貴子《たかこ》さんが大笑《おおわら》いしました。

貢《みつぐ》さんは犬《いぬ》の本《ほん》で、ララがどんな種類《しゅるい》の犬《いぬ》の雑種《ざっしゅ》なのか調《しら》べました。どうやら、ヨークシャーテリア……


ロピアンホワイトテリア犬《けん》の雑種《ざっしゅ》らしいことが分《わ》かりました。

ララはとても健康《けんこう》で、病気《びょうき》ひとつしないで元気《げんき》に育《そだ》ちましたが、一年《ねん》を過《す》ぎた頃《ころ》には、黒《くろ》や茶色《ちゃいろ》の毛《け》がまじって生《は》えてきたので、

「これじゃ、三毛猫《みけねこ》じゃなくて三毛犬《みけいぬ》だ」

と、みんなで笑《わら》いました。

また、ララは家《いえ》にくるお客《きゃく》さんを、だれでも大喜《おおよろこ》びして出迎《でむか》える犬《いぬ》なので、

「ララは番犬《ばんけん》だったらダメ犬《いぬ》だ」

と、よく言《い》われました。でも貢《みつぐ》さんにとっては、かわいくてしかたがない〝妹分《いもうとぶん》〟でした。

「お父《とう》さん、ララを友達《ともだち》にあげたら、こんどはパンチだからな！」

貢《みつぐ》さんがキッとした目《め》でお父《とう》さんをにらみながら言《い》いました。

「わ、わかった。もう絶対《ぜったい》にしない、約束《やくそく》する」

お父《とう》さんが、降参《こうさん》したという顔《かお》で貢《みつぐ》さんに言《い》いました。貢《みつぐ》さんの目《め》が笑《わら》いました。

11 初《はじ》めて見《み》た税関《ぜいかん》

貢《みつぐ》さんは高校《こうこう》に入《はい》った時《とき》、クラブ活動《かつどう》で柔道部《じゅうどうぶ》を選《えら》びました。貢《みつぐ》さんは小《ちい》さい時《とき》からお父《とう》さんに「男《おとこ》は強《つよ》くなきゃいかん」と育《そだ》てられ、山登《やまのぼ》りや水泳《すいえい》など体力《たいりょく》をつける

スポーツをやってきました。

小学生《しょうがくせい》の時《とき》、地区《ちく》の相撲大会《すもうたいかい》では団体《だんたい》で三位《い》になったこともありました。「野球《やきゅう》もおもしろいぞ」とお父《とう》さんに言《い》われて、中学生《ちゅうがくせい》の時《とき》は野球部《やきゅうぶ》でも活躍《かつやく》しました。

三年生《ねんせい》の夏休《なつやす》みで、柔道部《じゅうどうぶ》の合宿《がっしゅく》も終《お》わったある日《ひ》、ララの散歩《さんぽ》から帰《かえ》ってきた貢《みつぐ》さんをお父《とう》さんがドライブに誘《さそ》いました。

「出島《でじま》の港《みなと》の税関《ぜいかん》で古《ふる》い友達《ともだち》が働《はたら》いているんだ。久《ひさ》しぶりに会《あ》って話《はなし》をしようってことになったんだ。いっしょに行《い》くか？」

「行《い》く！」

お父《とう》さんの誘《さそ》いに貢《みつぐ》さんは喜《よろこ》んで答《こた》えました。

ふたりの向《む》かった先《さき》は、長崎市《ながさきし》にある出島岸壁《でじまがんぺき》という所《ところ》で、海《うみ》のとてもきれいな港《みなと》です。

岸壁《がんぺき》には外国《がいこく》からやってきた大《おお》きな船《ふね》がたくさん横付《よこづ》けされています。

「貢《みつぐ》、あの船《ふね》の上《うえ》で働《はたら》いている人《ひと》も、こっちの白《しろ》い船《ふね》の上《うえ》にいる人《ひと》もみんな税関《ぜいかん》の人《ひと》だ……。検査《けんさ》の仕事《しごと》も大変《たいへん》だ」

お父《とう》さんの説明《せつめい》を聞《き》きながら貢《みつぐ》さんは、税関《ぜいかん》の人《ひと》たちの働《はたら》く姿《すがた》をじっと見《み》ていました。

（かっこいい！）

貢《みつぐ》さんの目《め》は、外国船《がいこくせん》に乗《の》り移《うつ》って忙《いそが》しそうに船《ふね》の中《なか》をあちこち検査《けんさ》している税関《ぜいかん》の人《ひと》たちの姿《すがた》にすいよせられました。

この日《ひ》のお父《とう》さんとの岸壁見物《がんぺきけんぶつ》のことが忘《わす》れられなくなった貢《みつぐ》さんは、高校卒業後《こうこうそつぎょうご》の仕事《しごと》として選《えら》んだのは、長崎《ながさき》の税関《ぜいかん》でした。

そして税関《ぜいかん》を選《えら》んだもう一つの理由《りゆう》は、小学五年生《しょうがくねんせい》の時《とき》にテレビで見《み》た「成田税関《なりたぜいかん》の二十四時間《じかん》」という番組《ばんぐみ》の中《なか》で、麻薬《まやく》や覚《かく》せい剤《ざい》を探《さが》す麻薬探知犬《まやくたんちけん》というすごい犬《いぬ》がいることを知《し》ったからです。そのことと、この日《ひ》に見《み》た人《ひと》たちの仕事《しごと》が、同《おな》じ税関《ぜいかん》ということも知《し》って、「ハンドラーになりたい」という希望《きぼう》も持《も》ったのです。

むずかしい試験《しけん》に合格《ごうかく》した貢《みつぐ》さんは、港《みなと》に入《はい》ってくる船《ふね》の貨物《かもつ》が正《ただ》しく持《も》ちこまれたかどうかの手続《てつづ》きをする仕事《しごと》につきました。

貢《みつぐ》さんは昼間《ひるま》の税関《ぜいかん》の仕事《しごと》を終《お》えてから、夜間《やかん》の大学《だいがく》へ通《かよ》って勉強《べんきょう》をしました。三年間《ねんかん》がんばれば、短大《たんだい》の卒業証明書《そつぎょうしょうめいしょ》がもらえます。

「筑紫君《ちくしくん》が一生《いっしょう》けん命《めい》がんばってるから」と税関《ぜいかん》の先輩《せんぱい》や偉《えら》い人《ひと》たちが、大学《だいがく》へ通《かよ》う貢《みつぐ》さんを応援《おうえん》したり、仕事《しごと》で協力《きょうりょく》してくれました。

貢《みつぐ》さんが十九歳《さい》のある日《ひ》、仕事先《しごとさき》へお母《かあ》さんから電話《でんわ》が入《はい》りました。「お父《とう》さんが大腸《だいちょう》ガンで手術《しゅじゅつ》することになった」という電話《でんわ》でした。貢《みつぐ》さんは目《め》の前《まえ》が真《ま》っ暗《くら》になりました。幸《さいわ》い手術《しゅじゅつ》は成功《せいこう》しましたが、長《なが》いあいだ体《からだ》を休《やす》めなければならなくなりました。

でも手術後《しゅじゅつご》のお父《とう》さんはメキメキと体《からだ》の調子《ちょうし》を取《と》りもどしてきました。病院《びょういん》の先生《せんせい》から、歩《ある》くことが一番《いちばん》の薬《くすり》だと言《い》われたお父《とう》さんは、（そうだ、ララといっしょならいっぱい歩《ある》ける）と、次《つぎ》の日《ひ》からララと散歩《さんぽ》する時間《じかん》を長《なが》くしてがんばりました。

今《いま》、お父《とう》さんは深江町《ふかえちょう》が造《つく》った町《まち》の人《ひと》たちの健康施設《けんこうしせつ》『ふれあいの湯《ゆ》』という大《おお》きなお風呂《ふろ》センターで元気《げんき》に働《はたら》けるまでになりました。

貢《みつぐ》さんの仕事《しごと》も変《か》わりました。今《いま》までの仕事《しごと》はビルの中《なか》でしたが、こんどは外《そと》の港《みなと》での仕事《しごと》です。港《みなと》に泊《と》まっている外国船《がいこくせん》から降《お》りてくる人《ひと》たちの中《なか》には、日本《にほん》へ持《も》ちこんではいけない品物《しなもの》や麻薬《まやく》・覚《かく》せい剤《ざい》を持《も》って日本《にほん》で売《う》ろうとする人《ひと》もいるので、そういう人《ひと》たちの行動《こうどう》を見張《みは》るのが仕事《しごと》です。港《みなと》のあちこちに積《つ》まれたコンテナの陰《かげ》にかくれたり、倉庫《そうこ》や電柱《でんちゅう》に体《からだ》をかくして、あやしい人《ひと》を監視《かんし》します。警察《けいさつ》の刑事《けいじ》と同《おな》じような仕事《しごと》です。

朝早《あさはや》い時《とき》もあるし、夜《よる》は十二時《じ》をまわる時《とき》もあります。

(麻薬《まやく》なんか絶対《ぜったい》に持《も》ちこませない!)

貢《みつぐ》さんは暑《あつ》い日《ひ》も寒《さむ》い日《ひ》も雨《あめ》の日《ひ》もがんばりました。

一日《にち》の仕事《しごと》が終《お》わると貢《みつぐ》さんは、決《き》まってポケットからサイフを出《だ》して、中《なか》から一枚《まい》の写真《しゃしん》を取《と》り出《だ》します。

(ララ、今日《きょう》もぶじに仕事《しごと》が終《お》わったよ)

写真《しゃしん》を見《み》つめる貢《みつぐ》さんの目《め》はこのとき決《き》まって細《ほそ》くなります。密輸品《みつゆひん》や覚《かく》せい剤《ざい》を持《も》ちこんでお金《かね》を儲《もう》けようとする人《ひと》の中《なか》には、ナイフやピストルを持《も》っている人《ひと》もいるかも知《し》れません。監視《かんし》の仕事《しごと》は、いつ危《あぶ》ない目《め》にあうかも知《し》れないのでとても疲《つか》れるのですが、貢《みつぐ》さんにとってララの笑《わら》っているような顔《かお》が大《おお》きく写《うつ》っている写真《しゃしん》は、とても疲《つか》れをほぐしてくれるのです。

刑事《けいじ》と違《ちが》って税関《ぜいかん》の人《ひと》はピストルなどは持《も》っていませんから、〝もしもの時《とき》〟は貢《みつぐ》さんは柔道《じゅうどう》で闘《たたか》うしかありません。でも貢《みつぐ》さんの心《こころ》の中《なか》にはいつも、お父《とう》さんの「強《つよ》い男《おとこ》になれ」という励《はげ》ましの言葉《ことば》があるので、つらくても怖《こわ》くはないのです。そして（おれは九州男児《きゅうしゅうだんじ》だ！）といつも自分《じぶん》に言《い》い聞《き》かせて、貢《みつぐ》さんはがんばり通《とお》しました。

貢《みつぐ》さんは、税関《ぜいかん》で働《はたら》くことになってから、本当《ほんとう》は麻薬探知犬《まやくたんちけん》といっしょに働《はたら》きたいという希望《きぼう》を持《も》っていました。でも税関《ぜいかん》の決《き》まりで、新《あたら》しく入《はい》った人《ひと》はいろいろな仕事《しごと》を覚《おぼ》えてもらうことと、一人《ひとり》ひとりの希望《きぼう》はすぐには受《う》け入《い》れられないことになっているので、犬《いぬ》といっしょに働《はたら》きたいという貢《みつぐ》さんの希望《きぼう》は叶《かな》いませんでした。

また、いっしょに働《はたら》く仲間《なかま》の人《ひと》たちの中《なか》には、ハンドラーになりたい人《ひと》がとても多《おお》くいることも知《し》って、貢《みつぐ》さんは深《ふか》いため息《いき》をつきました。

ところが、貢《みつぐ》さんの希望《きぼう》が叶《かな》いました。

「東京税関《とうきょうぜいかん》へ転勤《てんきん》を命《めい》ずる。職種《しょくしゅ》は麻薬探知犬《まやくたんちけん》のハンドラー」

という命令《めいれい》が出《で》たのです。

(やった！　犬《いぬ》といっしょに働《はたら》ける)

貢《みつぐ》さんは長《なが》いあいだの願《ねが》いが叶《かな》った喜《よろこ》びに、胸《むね》がキューンと痛《いた》くなりました。

こうして貢《みつぐ》さんは二〇〇一年《ねん》七月一日《がつついたち》、千葉県《ちばけん》の成田市三里塚《なりたしさんりづか》という所《ところ》にある東京《とうきょう》税関監視部《ぜいかんかんしぶ》・麻薬探知犬訓練《まやくたんちけんくんれん》センターに晴《は》れてハンドラーとしてやってきたのです。

「……ということで、アーク、明日《あした》から本当《ほんとう》によろしくな」

ブラッシングをずっと続《つづ》けてもらって、いつのまにかうとうとと立《た》ち眠《ねむ》りをしていたアークに貢《みつぐ》さんが言《い》いました。

アークは（あーあ、もうおしまい？）というような顔《かお》で、立《た》ち上《あ》がった貢《みつぐ》さんの顔《かお》を見上《みあ》げました。貢《みつぐ》さんの目《め》とアークの目《め》がパチッと合《あ》いました。

12 アークの〝返事《へんじ》〟

次《つぎ》の日《ひ》から貢《みつぐ》さんとアークとの新《あたら》しい闘《たたか》いが始《はじ》まりました。
「アーク。お前《まえ》は内田《うちだ》さんとペアを組《く》んで立派《りっぱ》な結果《けっか》を出《だ》してきた犬《いぬ》だけど、おれは初《はじ》めてだからよろしく頼《たの》むぜ。とにかく三カ月半《げつはん》の間《あいだ》にアークと息《いき》がぴったりにならないと試験《しけん》に合格《ごうかく》できないんだから。な？　たのむ」
アークを犬舎《けんしゃ》から出《だ》す時《とき》に貢《みつぐ》さんが言《い》いましたが、アークはジーッと貢《みつぐ》さんの顔《かお》を見上《みあ》げたまま黙《だま》っています。

「わかったのかよ、アーク？　黙《だま》ってたんじゃわかんない。わかったら返事《へんじ》をしてくれ」

貢《みつぐ》さんがアークに顔《かお》を近《ちか》づけながら言《い》ったその時《とき》、

〝ワン！〟

と、アークが大《おお》きな声《こえ》を上《あ》げました。貢《みつぐ》さんは驚《おどろ》いてしまいました。

「ア、アーク。お前《まえ》って言葉《ことば》がわかるのか？　わかるんだったら、もう一回《かい》、返事《へんじ》してくれ」

〝ウ、ワン！〟

アークがもっと大《おお》きな声《こえ》で貢《みつぐ》さんに向《む》かってほえました。

（ウソ、犬《いぬ》が返事《へんじ》をするなんて……）

貢《みつぐ》さんは生《う》まれて初《はじ》めて犬《いぬ》と話《はなし》ができたことが信《しん》じられませんでした。

昼休《ひるやす》みの時《とき》、仲間《なかま》のハンドラーの人《ひと》たちにこのことを話《はな》してみましたが、だれも信《しん》じませんでした。

一週間《しゅうかん》ほど過《す》ぎた日《ひ》の夜《よる》、貢《みつぐ》さんは訓練《くんれん》センターの食堂《しょくどう》で食事《しょくじ》を終《お》えてから、仲間《なかま》と楽《たの》しいひと時《とき》を過《す》ごしていると、いつしか話《はなし》が〝アークの返事《へんじ》〟になってしまいました。

「おれのブライアンは、いくら教《おし》えても返事《へんじ》を覚《おぼ》えてくれないんだ」

「おれのボブだってまったく同《おな》じさ。いくら、返事《へんじ》って言《い》ったらほえるんだってことを教《おし》えても、口《くち》を開《あ》けてハァハァするだけ」

仲間《なかま》たちが自分《じぶん》の訓練犬《くんれんけん》に〝言葉《ことば》としての返事《へんじ》〟を教《おし》えてもダメだったということを聞《き》いて、貢《みつぐ》さんは何《なん》だかとても良《よ》い気持《きも》ちでした。

（ふふふ、アークってすごい！）

貢《みつぐ》さんの顔《かお》を見《み》た仲間《なかま》の人《ひと》が、

「筑紫《ちくし》、お前《まえ》、アークってすごいって思《おも》ったんだろ？　ニヤニヤひとりで笑《わら》った顔《かお》になってるぜ」

「ほんと、今《いま》、訓練中《くんれんちゅう》の犬《いぬ》の中《なか》に返事《へんじ》をする犬《いぬ》はいないから、やったぁーって思《おも》って

アークと貢《みつぐ》さん。言葉《ことば》は違《ちが》ってもおたがいの気持《きも》ちは分《わ》かるんだ

んだろ？」

と、仲間《なかま》の人《ひと》たちは口《くち》をとがらせながら次々《つぎつぎ》に貢《みつぐ》さんに言《い》いました。

「へへへ、ま、その通《とお》り。でもね、おれって生《う》まれて物心《ものごころ》ついた時《とき》から家《いえ》には犬《いぬ》がいたし、今《いま》でもいるだろ？　だから考《かんが》えてみると、自分《じぶん》の勝手《かって》ではあるけど、いつも人間《にんげん》と話《はなし》をするように犬《いぬ》に話《はな》しかけていたんだよな。話《はな》しかけた言葉《ことば》が犬《いぬ》にわかろうと、わかるまいと。だから、アークはおれの言葉《ことば》の意味《いみ》というか、どういう話《はなし》なのかってのがわかって返事《へんじ》をしているんじゃないかって思《おも》えるんだ。アークにしてみれば、おれの話《はな》す言葉《ことば》はもしかしたら〝犬語《いぬご》〟に聞《き》こえるんじゃないかなって思《おも》えて、自分《じぶん》でもふしぎな気持《きも》ちなんだ、ほんと言《い》うと……」

「うーん、筑紫《ちくし》の言《い》うのは本当《ほんとう》かも知《し》れないなあ。お前《まえ》って本当《ほんとう》は犬《いぬ》に生《う》まれてくればよかった人間《にんげん》だったかもな？」

仲間《なかま》の一人《ひとり》の言葉《ことば》に、ほかの三人《にん》が大声《おおごえ》で笑《わら》いました。

「もっとアークと話《はなし》をかわして、犬《いぬ》の気持《きも》ちとか、何《なに》を考《かんが》えているのか聞《き》き出《だ》して、おれたちに教《おし》えてくれよ」

『人《ひと》の言葉《ことば》がわかる犬《いぬ》・アークと私《わたし》』なんて題《だい》で本《ほん》でも書《か》いてみなよ。買《か》って勉強《べんきょう》するから」

「アハハハ、筑紫《ちくし》先生《せんせい》お願《ねが》いしまーす」

仲間《なかま》たちのはやし言葉《ことば》を聞《き》きながら貢《みつぐ》さんの顔《かお》はメロメロになって、とてもうれしそうです。

(そうだ、アークが言葉《ことば》がわかるんだったら、これからは、アークに教《おし》えてもらえばいいんだ。むずかしいことに突《つ》き当《あ》たったら「アーク、教《おし》えて」って気持《きも》ちを大切《たいせつ》に訓練《くんれん》すればいいんだ)

貢《みつぐ》さんは心《こころ》の底《そこ》からそう思《おも》いました。

環境《かんきょう》になれさせる訓練《くんれん》でも、センターの訓練場《くんれんじょう》のことをよく知《し》っているのはアークのほうで、まだよく知《し》らないのは貢《みつぐ》さんです。

土《つち》に埋《う》めたダミー(麻薬《まやく》のにおいをつけたタオル)を探《さが》す「埋蔵捜査《まいぞうそうさ》」という訓練《くんれん》で

も、内田《うちだ》さんとペアで結果《けっか》を出《だ》してきたアークのほうが先輩《せんぱい》で、初《はじ》めての訓練《くんれん》でフゥフゥ言《い》ってる貢《みつぐ》さんはアークにとっては後輩《こうはい》になるわけです。

「分《わ》からない、どうすりゃいいんだ」と苦《くる》しむ貢《みつぐ》さんに、（それはこうするの、さっきのことはこれでOK《オーケー》なの）と教《おし》えるのがアークでした。

むずかしい応用訓練《おうようくんれん》に入《はい》り、壁《かべ》や塀《へい》のすき間《ま》に隠《かく》されたダミーを探《さが》し出《だ》す「壁面《へきめん》捜査《そうさ》」や、車《くるま》の中《なか》に隠《かく》されたダミーを探《さが》す「車両捜査《しゃりょうそうさ》」の時《とき》も、アークは貢《みつぐ》さんといつも〝心《こころ》の話《はな》し合《あ》い〟をしながら訓練《くんれん》をします。

また、「熟達訓練《じゅくたつくんれん》」という、貨物《かもつ》や手荷物《てにもつ》からダミーを見《み》つけ出《だ》す訓練《くんれん》でも、貢《みつぐ》さんは、検査作業《けんささぎょう》をするアークの動《うご》きをよく観察《かんさつ》することに集中《しゅうちゅう》しました。

それまではどうしても貢《みつぐ》さんの目《め》は、今《いま》アークが黒《くろ》のトランクを捜査《そうさ》しているのに次《つぎ》の赤《あか》い旅行《りょこう》カバンのほうに移《うつ》ってしまっていたのです。これでは、検査作業《けんささぎょう》をするアークの動《うご》きと、先《さき》へ進《すす》もうとする貢《みつぐ》さんとのタイミングが少《すこ》しずれてしまうことになります。

五個《こ》、八個《こ》、十個《こ》、十五個《こ》……と荷物《にもつ》の検査《けんさ》を続《つづ》けていくうちに、どうしても貢《みつぐ》さんがあせって先《さき》に進《すす》んでしまうことがあります。そのたびにアークの目《め》はキッとなって（まーた引《ひ》っぱった、早《はや》いよ）と見上《みあ》げるのです。そんな目《め》を受《う》ける貢《みつぐ》さんはいつも（ごめん、悪《わる》い！）と、どうしてもアークに、あやまってしまいます。

「今日《きょう》は三回《かい》も失敗《しっぱい》して、アークにしかられたな」

貢《みつぐ》さんは訓練《くんれん》を重《かさ》ね、アークの検査作業《けんささぎょう》の細《こま》かい動《うご》きをよく観察《かんさつ》しているうちに、アークが目《め》で貢《みつぐ》さんに話《はな》す意味《いみ》がだんだん分《わ》かるようになってきました。

アークがちょっとスピードを落《お》としながらスーツケースの表《おもて》をかぐ……、次《つぎ》に鼻先《はなさき》を押《お》しつけるようにして右《みぎ》へ、左《ひだり》へ、そして体《からだ》を曲《ま》げながらなおもゆっくり……、というように、アークの鼻先《はなさき》、体《からだ》の動《うご》き、目《め》の動《うご》きなどを観察《かんさつ》することによって、貢《みつぐ》さんとアークの検査作業《けんささぎょう》のスピードがピッタリ合《あ》うようになりました。

13　先輩《せんぱい》と後輩《こうはい》の新《しん》コンビ

ある日《ひ》の午後《ごご》、訓練《くんれん》を終《お》えた貢《みつぐ》さんは訓練《くんれん》センター室《しつ》の麻薬探知管理官《まやくたんちかんりかん》・藤田優《ふじたまさる》さんに呼《よ》ばれました。藤田《ふじた》さんは訓練生《くんれんせい》たちの責任者《せきにんしゃ》で、訓練《くんれん》の悩《なや》みや相談《そうだん》を聞《き》いてやる〝お兄《にい》さん役《やく》〟で、とてもやさしい人《ひと》です。

「筑紫君《ちくしくん》、こちらは古屋昭彦《ふるやあきひこ》さん……。主《おも》に麻薬探知犬《まやくたんちけん》に向《む》く子犬《こいぬ》を研究《けんきゅう》して候補犬《こうほけん》をたくさん私《わたし》たちのところへ送《おく》ってきてくださっている。とくにラブラドール犬《けん》では日本《にほん》では大変《たいへん》お古《ふる》い。君《きみ》ももうじき中間試験《ちゅうかんしけん》を受《う》けるんだから、何《なに》か古屋《ふるや》さんにお聞《き》きしたいことがあったら伺《うかが》ったらと思《おも》ってね」

藤田《ふじた》さんの言葉《ことば》に、

「いやー、お古《ふる》いって言《い》ったって、ただ古《ふる》いだけでね」

と言《い》って古屋《ふるや》さんが名刺《めいし》を貢《みつぐ》さんに手渡《てわた》しました。名刺《めいし》には「鎌倉第二《かまくらだい》警察犬《けいさつけん》訓練《くんれん》所所長《じょしょちょう》」と「公認《こうにん》一等訓練士《とうくんれんし》」と書《か》かれてありました。

「わたしは日本《にほん》の警察犬《けいさつけん》がシェパード犬《けん》ばかりだった時代《じだい》にラブラドール犬《けん》を知《し》りましてね。ラブ犬《けん》の鼻《はな》の能力《のうりょく》がシェパード犬以上《けんいじょう》にあるんではないかと思《おも》ったんです。それに事件《じけん》の現場《げんば》で血液《けつえき》を追跡《ついせき》する能力《のうりょく》にもすごいものがあるって思《おも》いましてね……。それで訓練士《くんれんし》仲間《なかま》があっと驚《おどろ》くような早《はや》さで、当時《とうじ》いたシェパード犬《けん》の訓練犬《くんれんけん》のほとんどをラブ犬《けん》に切《き》り換《か》えてしまったんですよ。まあ、ラブ犬《けん》のすばらしさに気《き》がついて好《す》きになったということでは間違《まちが》いなく古《ふる》い人間《にんげん》です」

古屋《ふるや》さんはラブ犬《けん》についていろいろな話《はなし》をしてくれました。どの話《はなし》も貢《みつぐ》さんには驚《おどろ》くことばかりで、とても勉強《べんきょう》になりました。

たとえば、合格《ごうかく》できる麻薬探知犬《まやくたんちけん》を五十頭《とう》つくるためには、子犬《こいぬ》をだいたいその十倍《ばい》の五〇〇頭《とう》くらい育《そだ》てなくてはならないことや、競技会《きょうぎかい》のいろいろな種目《しゅもく》で王者《おうじゃ》だったシェパード犬《けん》にかわってラブ犬《けん》が次々《つぎつぎ》に新《あたら》しいチャンピオンになってきたこと、幼《おさな》い女《おんな》の子《こ》が何人《なんにん》も殺《ころ》された事件《じけん》で警察犬《けいさつけん》として立派《りっぱ》に働《はたら》いたラブ犬《けん》の話《はなし》など、貢《みつぐ》さんは目《め》を輝《かがや》かせながら聞《き》きました。

「ここのセンターへ来《こ》られる麻薬探知犬《まやくたんちけん》の候補犬《こうほけん》が十頭《とう》のうちの一頭《とう》くらいだと、あとの九頭《とう》はどうなるのでしょうか？」

貢《みつぐ》さんは気《き》になったことを古屋《ふるや》さんに質問《しつもん》しました。

「一頭《とう》一頭《とう》の性格《せいかく》をよく観察《かんさつ》して、この犬《いぬ》は警察《けいさつ》の警戒犬《けいかいけん》として向《む》くんじゃないかとか、麻薬《まやく》よりも人《ひと》の血液《けつえき》のにおいをかぐ力《ちから》がほかの犬《いぬ》よりあるから血液《けつえき》の追跡犬《ついせきけん》にしたらどうかと、それぞれ特別《とくべつ》に訓練《くんれん》します。作業訓練《さぎょうくんれん》には向《む》かない犬《いぬ》だけども人間《にんげん》がペットにしたら最高《さいこう》にいいんじゃないかって犬《いぬ》もいます。観察《かんさつ》をじっくりしながらその犬《いぬ》が一番《いちばん》に向《む》く先《さき》はどこかって考《かんが》えると、あとの九頭《とう》はそれぞれ希望《きぼう》する所《ところ》へ行《い》くことができますよ。今《いま》は犬《いぬ》を飼《か》う人《ひと》も多《おお》いから。それは人間《にんげん》と犬《いぬ》との関係《かんけい》を考《かんが》えてもとても良《よ》いことで、人《ひと》にも犬《いぬ》にも最高《さいこう》の関係《かんけい》になれるってことですよね」

麻薬《まやく》探知犬《たんちけん》として使《つか》われている犬《いぬ》の種類《しゅるい》

ジャーマン・シェパード

ラブラドール・レトリバー

ゴールデン・レトリバー

貢《みつぐ》さんは、ハッとなって、アークが返事《へんじ》をすることをどう思《おも》うか古屋《ふるや》さんに聞《き》きました。

「わたしは主《おも》にシェパード犬《けん》とラブ犬《けん》しか知《し》りませんが、犬《いぬ》は確《たし》かに人間《にんげん》の言葉《ことば》を聞《き》こうとする、聞《き》ける動物《どうぶつ》だと思《おも》いますね。わたしたち訓練士《くんれんし》のあいだではふつう、犬《いぬ》は人間《にんげん》の三歳《さい》の子供《こども》と同《おな》じ能力《のうりょく》を持《も》っていると言《い》っていますが、わたしは五歳《さい》くらいじゃないかと思《おも》っているんです」

五歳《さい》くらいと聞《き》いて貢《みつぐ》さんは少《すこ》し驚《おどろ》きました。

「たとえば、麻薬探知犬《まやくたんちけん》で働《はたら》けるのは、規則《きそく》で八歳《さい》まででしょ。だからそういう犬《いぬ》はわたしたちのところへ帰《かえ》ってきたり、ふつうの愛犬家《あいけんか》に引《ひ》き取《と》ってもらうことができたりするでしょ？　今《いま》までご苦労《くろう》さんっていう気持《きも》ちでわたしたちが世話《せわ》をすると、犬《いぬ》って実《じつ》によく言葉《ことば》とか、その意味《いみ》を知《し》ろうとするんですよ。それはどうしても、わたしたちが人《ひと》に話《はな》すように犬《いぬ》たちにも話《はな》すでしょ？」

貢《みつぐ》さんは、そうだそうだと心《こころ》の中《なか》でうなずきました。

「たとえば、訓練《くんれん》の休憩《きゅうけい》の時《とき》に食《た》べてたせんべいを、すぐそばで丸《まる》くなって休《やす》んでいるリタイア犬《けん》（元《もと》・麻薬探知犬《まやくたんちけん》）に、『ジョニー、せんべい食《た》べるか？』って声《こえ》をかけたとします。すると、サッと立《た》ち上《あ》がって、わたしんとこの前《まえ》へ来《き》てギューーンと背伸《せの》びしながら、しっぽをビュンビュンってふってから、ワン！ってほえる。これは、ほしいほしい、食《た》べますって言《い》っているに違《ちが》いないって思《おも》うわけ」

貢《みつぐ》さんはそんな場面《ばめん》を想像《そうぞう》して自然《しぜん》と顔《かお》がゆるみました。

「だけど、ただせんべいを犬《いぬ》の前《まえ》にポイッと投《な》げてそれを犬《いぬ》が食《た》べても、これでは同《おな》じように見《み》えても、何回続《なんかいつづ》けても犬《いぬ》と話《はなし》はできない。だからわたしは、わかろうとわかるまいと、同《おな》じことを何回《なんかい》も犬《いぬ》に話《はな》しかけてからやります。そうすると、エッ？と驚《おどろ》くような発見《はっけん》をするってわけです。だから、アークが返事《へんじ》をするってことは、間違《まちが》いなく君《きみ》の声《こえ》がけや話《はな》しかけに対《たい》しての返事《へんじ》だと思《おも》うね」

貢《みつぐ》さんはなんだか古屋《ふるや》さんにほめられたように感《かん》じ、心《こころ》がふわっとなりました。

古屋《ふるや》さんの話《はなし》が続《つづ》きます。

「犬《いぬ》が自分《じぶん》から勝手《かって》にほえる時《とき》はそれなりの理由《りゆう》があるもんなんです。たとえば、警察犬《けいさつけん》が犯人《はんにん》を追跡《ついせき》してあるところへ追《お》いつめたとしますね。その時《とき》に『ほえろ！』と命令《めいれい》してほえさせる。『やめろ！』の命令《めいれい》がないかぎりほえ続《つづ》けさせて犯人《はんにん》を怖《こわ》がらせてその場《ば》から動《うご》けないようにさせる訓練《くんれん》をするわけです。でも、犬《いぬ》によっては〝命令《めいれい》でほえる〟ということが苦手《にがて》な犬《いぬ》もいたり、まったくほえない犬《いぬ》もいて、ほえさせるってのは難《むずか》しいですよ」

貢《みつぐ》さんの目《め》は古屋《ふるや》さんの話《はなし》にもっともっと輝《かがや》きました。古屋《ふるや》さんは最後《さいご》に、犬《いぬ》の能力《のうりょく》を物語《ものがた》る例《れい》を話《はな》してくれました。

「ある愛犬家《あいけんか》は、家《いえ》でイラストや小説《しょうせつ》を書《か》いてる仕事《しごと》なので、子犬《こいぬ》の時《とき》から暇《ひま》をみては犬《いぬ》にしつけやらその応用《おうよう》の訓練《くんれん》をしたりして、二年《ねん》たったら七五もの言葉《ことば》を覚《おぼ》えてしまったというのです。たとえば、缶詰《かんづめ》を二階《かい》の部屋《へや》から持《も》って来《こ》させたり、散歩中《さんぽちゅう》に風《かぜ》で吹《ふ》き飛《と》ばされた帽子《ぼうし》を『ぼうし、ひろえ、パパにわたせ』と言《い》って拾《ひろ》わせたりできるそうです。わたしも驚《おどろ》いたのはティッシュの話《はなし》です。耳掃除《みみそうじ》をしている時《とき》に部屋《へや》のすみに置《お》いてあるティッシュの箱《はこ》を指《ゆび》さして『ティッシュ』と言《い》うと、その犬《いぬ》は立《た》ち上《あ》がって、箱《はこ》から半分《はんぶん》だけ出《で》ているティッシュ一枚《まい》をそーっと口《くち》でひいてくわえてきて手渡《てわた》すというのですから。その人《ひと》はわたしの教《おし》えた〈怒《おこ》らず、叩《たた》かず、言《い》い聞《き》かせて訓練《くんれん》させること〉ということをしっかり守《まも》って訓練《くんれん》したと言《い》っていましたけどね。そういう話《はなし》からでも、犬《いぬ》は人間《にんげん》の五歳《さい》の子供《こども》と同《おな》じ能力《のうりょく》を持《も》っているとわたしは信《しん》じているんですよ」

貢《みつぐ》さんは古屋《ふるや》さんの話《はなし》を聞《き》きながら、何《なん》だか背中《せなか》がゾクッとなりました。そして観察《かんさつ》することの大切《たいせつ》さ、犬《いぬ》の動作《どうさ》から何《なに》が分《わ》かるのか？　犬《いぬ》が何《なに》を伝《つた》えようとしているのか感《かん》じることの大切《たいせつ》さを古屋《ふるや》さんから教《おし》えてもらえたと思《おも》いました。

次《つぎ》の日《ひ》から貢《みつぐ》さんの訓練《くんれん》は、ぐんと良《よ》くなりました。中間試験《ちゅうかんしけん》の日《ひ》がだんだん近《ちか》づいてきたころには、アークのハンドラーだった内田《うちだ》さんがインストラクターという立場《たちば》できびしい目《め》で見《み》ても、貢《みつぐ》さんとアークの呼吸《こきゅう》はピッタリで、注意《ちゅうい》するところがないくらいうまくなりました。

アークはときどき作業中《さぎょうちゅう》に貢《みつぐ》さんと目《め》が合《あ》うと、（その調子《ちょうし》）と、貢《みつぐ》さんに伝《つた》えてきます。貢《みつぐ》さんも（ありがとう、アーク。頼《たの》むぜ、アーク）と、目《め》で答《こた》えます。

そして、試験《しけん》の三日前《みっかまえ》。貨物《かもつ》の検査訓練《けんさくんれん》をする貢《みつぐ》さんとアークの姿《すがた》を、遠《とお》くの柱《はしら》の陰《かげ》から見《み》ているふたりの人《ひと》がいました。藤田《ふじた》さんと内田《うちだ》さんでした。

「いい、すごく良《よ》くなりましたね」

「うん。あの調子《ちょうし》ならきっとだいじょうぶだろう」

内田《うちだ》さんと藤田《ふじた》さんが顔《かお》を見合《みあ》わせてうなずきました。

九月《がつ》十四日《にち》、中間試験《ちゅうかんしけん》に貢《みつぐ》さんは見事《みごと》に合格《ごうかく》しました。貢《みつぐ》さんとアークのペア誕生《たんじょう》です。

そして十月《がつ》十二日《にち》、最終試験《さいしゅうしけん》でもアークはすばらしい成績《せいせき》で合格《ごうかく》しました。貢《みつぐ》さんは、〝麻薬探知犬《まやくたんちけん》のハンドラー・筑紫貢《ちくしみつぐ》〟になれたのです。

「おめでとう。これから毎日《まいにち》が真剣勝負《しんけんしょうぶ》だぞ、がんばって」

内田《うちだ》さんが貢《みつぐ》さんに握手《あくしゅ》をしてくれました。

りりしいアークとたのもしい貢《みつぐ》さんの名《めい》コンビ

「満点《まんてん》の評価《ひょうか》ではなかったけど、立派《りっぱ》な成績《せいせき》でした。自信《じしん》と誇《ほこ》りをもって仕事《しごと》をしてください」

藤田《ふじた》さんも励《はげ》ましてくれました。

夕方《ゆうがた》、貢《みつぐ》さんは合格通知書《ごうかくつうちしょ》を犬舎《けんしゃ》の中《なか》のアークに見《み》せながら言《い》いました。

「ありがとう、アーク。アークのおかげだよ」

〝先輩《せんぱい》〟のアークはしっぽをいっぱいにふって祝《いわ》ってくれました。

グオォーン、ギィイーン……。成田国際空港《なりたこくさいくうこう》の朝《あさ》、ジェット機《き》の飛《と》び立《た》つ音《おと》や着陸《ちゃくりく》する音《おと》が頭《あたま》のすぐ上《うえ》から聞《き》こえてきます。

「さあ、アーク。一番機《いちばんき》がやってきたぜ、きょう一日《にち》がんばろう」

荷物《にもつ》が運《はこ》びこまれるベルトコンベアの前《まえ》に、筑紫《ちくし》ハンドラーと麻薬探知犬《まやくたんちけん》アークの姿《すがた》がありました。

〝ウォフッ〟、荷物《にもつ》を積《つ》んでこちらへ向《む》かってくる車《くるま》を見《み》ながらアークが小《ちい》さくうなりました。

荷物《にもつ》が次々《つぎつぎ》に下《お》ろされてベルトコンベアの上《うえ》に並《なら》べられ、係《かか》りの人《ひと》の合図《あいず》で動《うご》きだしました。

貢《みつぐ》さんとアークが〝戦闘開始《せんとうかいし》〟――と検査作業《けんささぎょう》をスタートさせました。

筑紫《ちくし》ハンドラーとアーク、新《しん》コンビの初仕事《はつしごと》です。

14 やったね、麻薬発見《まやくはっけん》！

一カ月《げつ》がたち、貢《みつぐ》さんとアークの検査作業《けんささぎょう》はますます上達《じょうたつ》していきました。作業《さぎょう》をするアークのリードはもう決《けっ》して前《まえ》や後《うし》ろにピンと引《ひ》っぱられるようなことはありません。

今日《きょう》は成田空港《なりたくうこう》、明日《あした》は外国《がいこく》から来《く》る郵便物《ゆうびんぶつ》だけをあつかう外郵出張所《がいゆうしゅっちょうじょ》と、貢《みつぐ》さんとアークのコンビは毎日《まいにち》、元気《げんき》よく働《はたら》き続《つづ》けます。

二〇〇一年《ねん》十一月《がつ》十六日《にち》――。

とうとう〝新《しん》コンビ〟が麻薬《まやく》を探《さが》し出《だ》しました。大麻草《たいまそう》という麻薬《まやく》を外郵出張所《がいゆうしゅっちょうじょ》で見《み》つけたのです。しかも、この日《ひ》は二件《けん》も見《み》つけたのでした。

前《まえ》の日《ひ》、なぜか貢《みつぐ》さんはなかなか眠《ねむ》れませんでした。(明日《あした》は何《なん》となく見《み》つけ出《だ》せるのではないか、三件《けん》くらいは……)、寝苦《ねぐる》しい頭《あたま》の中《なか》で貢《みつぐ》さんは、ふとそう思《おも》いました。それが三件《けん》ではなかったものの、一日《にち》に二件《けん》も見《み》つけることができたのです。

(うーん、仕事《しごと》になれてきて気持《きも》ちに余裕《よゆう》ができたのかなあ。何《なん》となくっていうか、カンだったけど、アークに感謝《かんしゃ》しなくちゃ)

この日《ひ》、貢《みつぐ》さんは心《こころ》をこめてアークの体《からだ》を思《おも》いっきり抱《だ》きしめて、感謝《かんしゃ》の気持《きも》ちを伝《つた》え、ブラッシングをいっぱいしてあげました。

「いやあ、お手柄《てがら》だね。一日《にち》に二件《けん》もだなんて、すごいよ」

藤田《ふじた》さんをはじめハンドラー仲間《なかま》の人《ひと》たちがほめてくれました。

大《おお》きな雑誌《ざっし》が入《はい》っているような封筒《ふうとう》と、クッキーが入《はい》っているような小《ちい》さな郵便小包《ゆうびんこづつみ》をガリガリと引《ひ》っかいて教《おし》えてくれた時《とき》のアークの姿《すがた》は（一生忘《いっしょうわす》れない！）と貢《みつぐ》さんは心《こころ》の底《そこ》から思《おも》いました。

その時《とき》の感激《かんげき》は、魚《さかな》つりで大物《おおもの》がかかった時《とき》と同《おな》じようで、貢《みつぐ》さんはこの日《ひ》の夜《よる》も興奮《こうふん》してまたよく眠《ねむ》れませんでした。

三件目《けんめ》の大麻《たいま》発見《はっけん》は、二〇〇二年《ねん》五月《がつ》八日《ようか》でした。

成田空港《なりたくうこう》の第一《だいいち》ターミナルでの検査中《けんさちゅう》に、黒《くろ》いリュックサックをアークが激《はげ》しく前足《まえあし》でガリガリと引《ひ》っかいたのです。

（やった！　間違《まちが》いない）

貢《みつぐ》さんの体《からだ》にまた感激《かんげき》が走《はし》りました。

リュックの中《なか》には、やはり大麻草《たいまそう》が入《はい》っていました。持《も》ちこんだのは外国《がいこく》の男《おとこ》の人《ひと》でした。とてもやさしそうに見《み》える人《ひと》でした。

(麻薬《まやく》が悪《わる》いってことを知《し》ってるくせに、なぜ持《も》ちこむんだ……)

貢《みつぐ》さんは、持《も》ちこまれた大麻《たいま》をアークがもし探《さが》し出《だ》さなかったら、と思《おも》うととても腹《はら》が立《た》ってきました。貢《みつぐ》さんの頭《あたま》の中《なか》に、毎日《まいにち》会社《かいしゃ》へ行《い》って働《はたら》いているお父《とう》さん、子供《こども》を学校《がっこう》へ送《おく》りだして街《まち》へ買《か》い物《もの》に行《い》くお母《かあ》さん、学校《がっこう》が終《お》わって友達《ともだち》と楽《たの》しそうに話《はなし》をしながら家《いえ》に帰《かえ》る高校生《こうこうせい》や中学生《ちゅうがくせい》の顔《かお》が次々《つぎつぎ》に浮《う》かんできました。

大麻《たいま》や覚《かく》せい剤《ざい》というのは、こういうふつうの人《ひと》たちの前《まえ》にある日《ひ》、突然《とつぜん》現《あらわ》れてきて、

「クスリやってみない？　気持《きも》ちよくなるよ」

「これをやると嫌《いや》なことがスッと忘《わす》れられるし、何《なに》も怖《こわ》くなくなるよ。だからみんなやってんだよ」

「たったひと粒《つぶ》で勇気《ゆうき》百倍《ひゃくばい》、元気《げんき》モリモリのスーパー人間《にんげん》になれるのさ」

このような言葉《ことば》で麻薬《まやく》や覚《かく》せい剤《ざい》を売《う》ろうと近《ちか》づいてくる悪《わる》い人《ひと》たちによって、一人《ひとり》

また一人《ひとり》と、麻薬類《まやくるい》を始《はじ》めてしまう人《ひと》がどんどん増《ふ》えてしまい、心《こころ》も体《からだ》もボロボロになる人《ひと》がつくられてしまうのです。

有名《ゆうめい》な俳優《はいゆう》の子供《こども》や、だれもが名前《なまえ》を知《し》っているタレント、大学《だいがく》の偉《えら》い教授《きょうじゅ》やスポーツ選手《せんしゅ》、売《う》れっ子《こ》の小説家《しょうせつか》や音楽家《おんがくか》などが逮捕《たいほ》されたことが、新聞《しんぶん》やテレビで時々《ときどき》ニュースになっています。

しかしほとんどニュースにはなりませんが、もっとものすごい数《かず》のふつうの人《ひと》が麻薬《まやく》でダメな人間《にんげん》になっているのです。

(麻薬《まやく》や覚《かく》せい剤《ざい》でダメになって社会《しゃかい》で働《はたら》けなくなった人《ひと》たちは、いったいその後《あと》はどうなっているんだろう)

貢《みつぐ》さんは腕組《うでぐ》みをして毎晩《まいばん》考《かんが》えるようになりました。

麻薬《まやく》や覚《かく》せい剤《ざい》を持《も》ちこもうとしたり、売《う》ろうとしたり、買《か》って使《つか》っていた人《ひと》たちは、警察《けいさつ》に捕《つか》まえられ、裁判《さいばん》によって刑務所《けいむしょ》に入《い》れられます。

(でも、それからどうするんだろう？　きっぱりやめるんだろうか？　中毒患者《ちゅうどくかんじゃ》になった人《ひと》たちを治《なお》す病院《びょういん》や、社会《しゃかい》でまた働《はたら》ける人間《にんげん》になるための施設《しせつ》はあるんだろうか？）

貢《みつぐ》さんの頭《あたま》の中《なか》に、中毒患者《ちゅうどくかんじゃ》が街《まち》の中《なか》で通行人《つうこうにん》をいきなり包丁《ほうちょう》で刺《さ》し殺《ころ》したり、高《たか》いビルの上《うえ》や鉄塔《てっとう》に登《のぼ》って警官《けいかん》に取《と》り押《お》さえられるテレビニュースの光景《こうけい》が浮《う》かびました。

日本《にほん》では麻薬中毒患者《まやくちゅうどくかんじゃ》はどうなっているのでしょうか。

貢《みつぐ》さんは厚生労働省《こうせいろうどうしょう》、国《くに》で建《た》てた病院《びょういん》、千葉《ちば》、東京《とうきょう》、埼玉《さいたま》の保健所《ほけんじょ》などでいろいろ聞《き》いてみましたが、中毒患者《ちゅうどくかんじゃ》になった人《ひと》たちだけを治《なお》す病院《びょういん》はありませんでした。

アメリカでは麻薬患者《まやくかんじゃ》だけの刑務所《けいむしょ》もあるのですが、警察《けいさつ》に聞《き》いても日本《にほん》にはないことが分《わ》かりました。

（じゃ、中毒《ちゅうどく》になっちゃった人《ひと》や、自分《じぶん》でやめようと苦《くる》しんでいる人《ひと》たちはどこへ行《い》けばいいんだ？）

貢《みつぐ》さんの疑問《ぎもん》は深《ふか》まるばかりです。

しかし、埼玉《さいたま》の中央保健所《ちゅうおうほけんじょ》で「東京《とうきょう》ダルク」という所《ところ》があると教《おし》えてもらえました。

15 ぜったい麻薬《まやく》はゆるさない

休日《きゅうじつ》のある日《ひ》、貢《みつぐ》さんは「東京《とうきょう》ダルク」へ行《い》って、いろいろ聞《き》いてみることにしました。

東京《とうきょう》ダルクの事務所《じむしょ》は、ＪＲ《ジェイアール》日暮里《にっぽり》駅《えき》の駅前商店街《えきまえしょうてんがい》のはずれにある、古《ふる》いビルの中《なか》にありました。

ダルクというのは、ローマ字《じ》で「ＤＡＲＣ」と書《か》き、Ｄ《ディー》はドラッグで麻薬《まやく》のこと。Ａ《エー》はアディクションで、くせのこと。Ｒ《アール》はリハビリテーションで回復《かいふく》させるということ。Ｃ《シー》はセンターで、施設《しせつ》を意味《いみ》する英語《えいご》です。

日本語《にほんご》で言《い》えば「麻薬依存症者《まやくいぞんしょうしゃ》リハビリ施設《しせつ》」となります。

ダルクは日本《にほん》の各地《かくち》にぜんぶで二四カ所《しょ》あって、麻薬《まやく》や覚《かく》せい剤《ざい》のくせが治《なお》らなかったり、やめようとしてもやめることができずに悩《なや》んだり苦《くる》しんだり、死《し》んでしまおうとさえ考《かんが》えてしまう人《ひと》たちが、仲間《なかま》として集《あつ》まる場所《ばしょ》なのです。

ダルクの目的《もくてき》は薬物《やくぶつ》(クスリ)をやめたいという仲間《なかま》の手助《てだす》けをすることです。そのために、この病気《びょうき》から回復《かいふく》した人《ひと》たちがスタッフとなって、毎日《まいにち》、グループでミーティングをしながら活動《かつどう》しています。

薬物依存症《やくぶついぞんしょう》は治《なお》りにくい病気《びょうき》だと思《おも》われていて、「最後《さいご》には刑務所《けいむしょ》、精神病院《せいしんびょういん》か死体《したい》置《お》き場《ば》だ」といわれていたのだそうですが、スタッフが励《はげ》まして助《たす》けてあげながら治《なお》すことがダルクの活動《かつどう》だということです。

ダルクはこのほか、お酒《さけ》をすごく飲《の》むくせが治《なお》らないで苦《くる》しんでいる人《ひと》の相談《そうだん》を受《う》けたり、競馬《けいば》や競輪《けいりん》というギャンブルでお金《かね》をたくさん使《つか》いすぎて家族《かぞく》を苦《くる》しめている人《ひと》と話《はな》し合《あ》ったりしてやめる方法《ほうほう》を考《かんが》えてあげたりします。

貢《みつぐ》さんはスタッフの人《ひと》からの説明《せつめい》に驚《おどろ》かされることばかりでした。

麻薬《まやく》や覚《かく》せい剤《ざい》は大人《おとな》だけとか、男《おとこ》の人《ひと》だけではなく、学生《がくせい》や女《おんな》の人《ひと》にもものすごく増《ふ》えているということでした。

麻薬《まやく》や覚《かく》せい剤《ざい》を始《はじ》めるきっかけは、（それってどんなだろう？）という軽《かる》い興味《きょうみ》からと、自分《じぶん》の生活《せいかつ》がおもしろくないとか、嫌《いや》なことから逃《に》げ出《だ》したいからという、ふた通《とお》りあるとのこと。そして、麻薬類《まやくるい》がやめられない中毒者《ちゅうどくしゃ》になってくると麻薬類《まやくるい》は〝友達《ともだち》〟になってしまい、いつの間《ま》にかその人《ひと》は〝麻薬《まやく》の子分《こぶん》〟になり、麻薬《まやく》の効果《こうか》がなくなってくると（早《はや》く麻薬《まやく》を買《か》ってこい！）と自分《じぶん》に自分《じぶん》が命令《めいれい》されてしまうのだというのです。

また、高校生《こうこうせい》や中学生《ちゅうがくせい》たちにも増《ふ》えている原因《げんいん》を調《しら》べてみると、四人《にん》に一人《ひとり》くらいの割合《わりあい》で「自分《じぶん》がやりたいと思《おも》ったらいつでも買《か》うことができる」と答《こた》えたように、簡単《かんたん》に手《て》に入《はい》る環境《かんきょう》があるそうです。未成年者《みせいねんしゃ》は禁止《きんし》されている〝タバコ〟を仲間《なかま》たちとこっそり吸《す》っていて、ある日《ひ》、仲間《なかま》の一人《ひとり》がシンナーや覚《かく》せい剤《ざい》を持《も》ちこむとそのグループの多《おお》くがあっという間《ま》にシンナーや覚《かく》せい剤《ざい》をやるようになってしまうことが分《わ》かったそうです。

スタッフの人《ひと》は、「これからの日本《にほん》は恐《おそ》ろしい麻薬時代《まやくじだい》になってくる」と心《こころ》を痛《いた》めていました。

貢《みつぐ》さんは中毒者《ちゅうどくしゃ》を治《なお》す施設《しせつ》について質問《しつもん》しました。

「外国《がいこく》に比《くら》べてとても遅《おく》れているのが日本《にほん》で、麻薬更生施設《まやくこうせいしせつ》は千葉県《ちばけん》の一カ所《しょ》くらい。相談《そうだん》を受《う》けるところは保健《ほけん》センターや各県《かくけん》の役場《やくば》などにはあるのですが……、あとは犯罪《はんざい》を犯《おか》した未成年者《みせいねんしゃ》たちが入《はい》る少年院《しょうねんいん》での保護監察《ほごかんさつ》ですから、治《なお》すといっても、なかなか専門《せんもん》の場所《ばしょ》はないんです」

麻薬類《まやくるい》をやる人《ひと》が捕《つか》まって裁判《さいばん》で二年間《ねんかん》の懲役刑《ちょうえきけい》と決《き》まって刑務所《けいむしょ》に入《はい》り、二年後《ねんご》に社会《しゃかい》へもどってきても、十人《にん》のうち六人《にん》はまた麻薬類《まやくるい》をやって刑務所《けいむしょ》にもどってしまうと聞《き》いて、貢《みつぐ》さんはなんとも言《い》えない悲《かな》しい気持《きも》ちになりました。それだけ麻薬《まやく》というものが恐《おそ》ろしいということです。

麻薬類《まやくるい》を売《う》る人《ひと》も昔《むかし》は暴力団《ぼうりょくだん》の人《ひと》が多《おお》かったのですが、今《いま》はふつうの人《ひと》も売《う》ってい て、外国《がいこく》からきた人《ひと》も多《おお》いとのことでした。それに大人《おとな》よりも中学生《ちゅうがくせい》や高校生《こうこうせい》のほう がだまして売《う》りやすいということもあって、どんどん麻薬類《まやくるい》をやる人《ひと》の低年齢化《ていねんれいか》が進《すす》ん でいるそうです。

「でも、何人《なんにん》かに一人《ひとり》は、(いけない！ 何《なん》とか麻薬《まやく》をやめなければ)と反省《はんせい》したり、やめようと必死《ひっし》にがんばろうとする人《ひと》がいるんです。そういう人《ひと》たちにわたしたちは、いっしょにやろうよ、がんばろうよと力《ちから》を貸《か》すわけです。今年《ことし》でダルクができて十八年《ねん》ですが、本当《ほんとう》にがんばって麻薬類《まやくるい》をやめられてここを卒業《そつぎょう》できたという人《ひと》の数《かず》は、残念《ざんねん》ながらとても少《すく》ないのです。ダルクにせっかく入《はい》って社会《しゃかい》にもどるために麻薬《まやく》の毒《どく》と闘《たたか》ってきた人《ひと》でも、麻薬類《まやくるい》は絶対《ぜったい》やらないと誓《ちか》った〝自分《じぶん》の心《こころ》〟が、悪《わる》い力《ちから》に負《ま》けてしまうわけですね。麻薬類《まやくるい》を誘《さそ》われても断《こと》われないで始《はじ》めてしまうのも自分《じぶん》、やめようとしてもやめられないのも自分《じぶん》、そう考《かんが》えると人間《にんげん》って弱《よわ》くて悲《かな》しいですね」

スタッフの人《ひと》の話《はなし》に貢《みつぐ》さんは言葉《ことば》を返《かえ》せませせん。

「麻薬類《まやくるい》の毒《どく》に苦《くる》しみながら、それでもやめたいとダルクに来《く》る人《ひと》は、本人《ほんにん》も苦《くる》しんでいるけど、親《おや》や兄弟《きょうだい》、友人《ゆうじん》たちまでも悩《なや》ませたり、苦《くる》しめたりして迷惑《めいわく》をかけているわけです。人間《にんげん》はひとりでは生《い》きてはいけませんが、麻薬類《まやくるい》をやって中毒《ちゅうどく》になってしまうと、いつの間《ま》にか人《ひと》が離《はな》れていき自分《じぶん》ひとりになってしまうんです」

貢《みつぐ》さんは、もし自分《じぶん》がそうなった時《とき》の姿《すがた》を想像《そうぞう》して身《み》ぶるいしました。

「世《よ》の中《なか》の人《ひと》たちからみれば、意志《いし》が弱《よわ》くてだらしないということになるのですが、わたしたちは依存症《いぞんしょう》の人《ひと》たちが死《し》と向《む》き合《あ》って苦《くる》しむ姿《すがた》を知《し》っていますし、同時《どうじ》に中毒《ちゅうどく》から抜《ぬ》け出《だ》した時《とき》の喜《よろこ》びや感激《かんげき》も味《あじ》わってきましたので、ひとりでも多《おお》くの人《ひと》を助《たす》けたいと力《ちから》を貸《か》しているのです。それと、世間《せけん》の人《ひと》たちにもっと分《わ》かってほしいのは、非行問題《ひこうもんだい》や犯罪《はんざい》と、薬物依存症《やくぶついぞんしょう》とはまったく違《ちが》うということです。依存症《いぞんしょう》の人《ひと》は病人《びょうにん》であると分《わ》けて考《かんが》えていただいて、そういう人《ひと》にもっと注意《ちゅうい》を払《はら》って、ていねいな気持《きも》ちをもってもらいたいと思《おも》いますね」

スタッフの人《ひと》の話《はなし》は貢《みつぐ》さんにとてもよく伝《つた》わりました。

その夜《よ》、貢《みつぐ》さんはスタッフの人《ひと》からいただいたダルクの活動《かつどう》について書《か》かれたたくさんの資料《しりょう》と本《ほん》を読《よ》んでみました。とくにダルクへ入《はい》って回復《かいふく》した人《ひと》たちの体験記《たいけんき》には、息《いき》がとまる思《おも》いがしました。

受験勉強《じゅけんべんきょう》を続《つづ》けるのがつらくて苦《くる》しいから逃《に》げ出《だ》したいと思《おも》っていたとき、友達《ともだち》と街《まち》を歩《ある》いていたら声《こえ》をかけられた、楽《たの》しいバイクのツーリングに参加《さんか》したらバイクの仲間《なかま》がみんなシンナーグループだった……など、麻薬類《まやくるい》との運命《うんめい》の出合《であ》いはいろいろで、だれの生活《せいかつ》の中《なか》にもある日突然《ひとつぜん》、麻薬類《まやくるい》が飛《と》びこんでくるということがよく分《わ》かりました。

若《わか》い人《ひと》たちの間《あいだ》に麻薬類《まやくるい》が広《ひろ》がっていく原因《げんいん》のひとつに、グループの存在《そんざい》があげられます。グループから誘《さそ》われた場合《ばあい》、断《こと》わると仲間外《なかまはず》れにされる、殴《なぐ》られたり、けられたりのいじめにあう、もっとひどいと殺《ころ》されるかもしれないという脅迫《きょうはく》を受《う》けたりして自分《じぶん》もやってしまうケースが多《おお》くあることが分《わ》かりました。

中学生《ちゅうがくせい》たちが集団《しゅうだん》でタバコを吸《す》うことから始《はじ》まって、ある日《ひ》シンナーになり、やがてマリファナ（大麻《たいま》）、スピード（覚《かく》せい剤《ざい》）というように〝薬物乱用《やくぶつらんよう》〟が輪《わ》となって広《ひろ》がっていくことがよく分《わ》かります。

（大切《たいせつ》なことは、断《こと》わる勇気《ゆうき》なんだけどなあ……）

貢《みつぐ》さんはハンドラーになるための勉強《べんきょう》で麻薬類《まやくるい》のことは十分《じゅうぶん》知《し》っていましたが、ダルクの本《ほん》の体験者《たいけんしゃ》の手記《しゅき》を読《よ》んでいくうちに、麻薬《まやく》の恐《おそ》ろしさが全身《ぜんしん》に伝《つた》わってきました。

ほとんどの歯《は》がボロボロに溶《と》けてしまった大学生《だいがくせい》。何種類《なんしゅるい》もの薬物《やくぶつ》をやってしまい呼吸困難《こきゅうこんなん》になって何回《なんかい》も救急車《きゅうきゅうしゃ》で運《はこ》ばれたり、胃《い》に穴《あな》が空《あ》いて血《ち》を吐《は》いたりをくり返《かえ》してきた三十代《だい》の会社員《かいしゃいん》。骨髄《こつずい》で血液《けつえき》が作《つく》れなくなってしまった四十代《だい》の母親《ははおや》。手足《てあし》がしびれたり、体《からだ》をまっすぐにして歩《ある》けなくなった二十代《だい》の会社員《かいしゃいん》。眼《め》が出血《しゅっけつ》して失明《しつめい》してしまった若《わか》い父親《ちちおや》。脳《のう》が小《ちい》さく縮《ちぢ》んで元《もと》にもどらず突然《とつぜん》ひっくり返《かえ》ってしまう病気《びょうき》になってしまったトラックの運転手《うんてんしゅ》。赤《あか》ちゃんを産《う》むための体《からだ》の一部《いちぶ》が縮《ちぢ》んでしまい、まだ二十歳《さい》を少《すこ》し過《す》ぎたばかりなのに一生《いっしょう》、子供《こども》を産《う》めなくなった女《おんな》の人《ひと》……など。

たくさんの人《ひと》たちが自分《じぶん》のことを正直《しょうじき》に体験記《たいけんき》に書《か》いてありました。

貢《みつぐ》さんの目《め》に涙《なみだ》が浮《う》かびました。

（夢《ゆめ》も希望《きぼう》もある若《わか》い人《ひと》たちが、何《なん》で一度《いちど》しかない人生《じんせい》を自分《じぶん》でダメにしちゃったんだろう。でも、ここに書《か》いてある人《ひと》たちは回復者《かいふくしゃ》だから救《すく》われるけど、まだ自分《じぶん》が薬物《やくぶつ》依存症《いぞんしょう》になってるということを認《みと》めようとしないで続《つづ》けている人《ひと》や、しまったと反省《はんせい》して治《なお》そうと苦《くる》しんでいる人《ひと》たちの数《かず》ってのは、ものすごいんだろうなあ……。どうしてこんな日本《にほん》になっちゃったんだろ？）

壁《かべ》にかけた時計《とけい》がいつしか夜中《よなか》の一時《じ》になっていました。貢《みつぐ》さんは本《ほん》を閉《と》じてベッドに入《はい》ったものの眠《ねむ》ることができません。

また本《ほん》を読《よ》み始《はじ》めました。

（中学生《ちゅうがくせい》や高校生《こうこうせい》にまで増《ふ》えてきているのを防《ふせ》ぐにはどうすればいいんだ？）

貢《みつぐ》さんは本《ほん》の目次《もくじ》の中《なか》から〈子供《こども》の薬物乱用《やくぶつらんよう》〉というページを見《み》つけました。そこには、次《つぎ》のように書《か》いてありました。

〈1〉子供《こども》をひとりにさせない。家庭《かてい》でも学校《がっこう》でもひとりになった子供《こども》は今《いま》の自分《じぶん》の生活《せいかつ》から逃《に》げるために薬物《やくぶつ》をやろうとすることがある。

〈2〉行《ゆ》き過《す》ぎた子供《こども》への自由《じゆう》は、子供《こども》にとって親《おや》の存在《そんざい》がなくなるだけで危《あぶ》ない。

〈3〉学校《がっこう》では、どんな子供《こども》なのかを先生《せんせい》が知《し》っておくこと。非行《ひこう》になる様子《ようす》はないか、学校《がっこう》との連絡《れんらく》をいつもすることが大切《たいせつ》。

〈4〉親《おや》も、薬物《やくぶつ》についてよく知《し》っておくこと。

また、〈薬物乱用《やくぶつらんよう》を見《み》つけたら〉というページには、

〈1〉やっているところを見《み》つけても無理《むり》に薬物《やくぶつ》を取《と》り上《あ》げない……、薬物《やくぶつ》に酔《よ》って

いる時《とき》は、多《おお》くの場合《ばあい》、悪《わる》い結果《けっか》になる。

〈2〉あせらず、子供《こども》との信頼関係《しんらいかんけい》を崩《くず》さないように気《き》をつけ、本人《ほんにん》が薬物《やくぶつ》をやっているということの自覚《じかく》を持《も》たせることが大切《たいせつ》。

〈3〉子供《こども》が薬物《やくぶつ》をやったことをぜんぶ親《おや》が引《ひ》き受《う》けるなど、甘《あま》やかしや機嫌取《きげんと》りは薬物《やくぶつ》の乱用《らんよう》をもっと激《はげ》しくさせるだけだからしないこと。


と書《か》いてありました。

(二十一世紀《せいき》を生《い》きていく子供《こども》たちのことを考《かんが》えると心配《しんぱい》で眠《ねむ》れない……)

貢《みつぐ》さんはこの夜《よる》、本当《ほんとう》によく眠《ねむ》れませんでした。

次《つぎ》の日《ひ》、アークといっしょに朝一番《あさいちばん》の検査《けんさ》作業《さぎょう》に入《はい》る時《とき》、貢《みつぐ》さんはアークの目《め》を見《み》つめて、ものすごい気合《きあ》いを入《い》れて言《い》いました。

「麻薬類《まやくるい》から子供《こども》たちを守《まも》るおれの仕事《しごと》はこれしかない。アーク、頼《たの》むぞ!」

十二月二五日《がつ・にち》、貢《みつぐ》さんとアークは東京税関《とうきょうぜいかん》の本関《ほんかん》で、税関長《ぜいかんちょう》の表彰《ひょうしょう》を受《う》けました。十一月十六日《がつ・にち》の二件同時発見《けんどうじはっけん》の表彰《ひょうしょう》でした。

表彰式《ひょうしょうしき》の後《あと》、貢《みつぐ》さんは実家《じっか》に電話《でんわ》を入《い》れました。お父《とう》さんが出《で》ました。

「そうか、そりゃおめでとう。そんな名誉《めいよ》な表彰《ひょうしょう》を受《う》けるとは……、そうか、良《よ》かった……、よかったな」

お父《とう》さんの声《こえ》は途中《とちゅう》から涙声《なみだごえ》になってしまいました。

「今《いま》、母《かあ》さんは畑《はたけ》に行《い》ってるから。いやー、母《かあ》さんも大喜《おおよろこ》びするさ。貴子《たかこ》にも電話《でんわ》しとくから……」

電話《でんわ》を切《き》った貢《みつぐ》さんは鼻《はな》の穴《あな》を大《おお》きくふくらませてから、ニコッと、ひとりで笑《わら》うとすぐにキッとした顔《かお》つきになり、

（そうか！　もしかしておれを麻薬探知犬《まやくたんちけん》のハンドラーにさせてくれたのは、犬《いぬ》の神様《かみさま》なのかもしれない）

と思《おも》いました。

その日《ひ》の夜《よる》、貢《みつぐ》さんは食堂《しょくどう》で仲間《なかま》たちから表彰《ひょうしょう》のお祝《いわ》いぜめにあっていました。

「筑紫《ちくし》はいいよな。一生《いっしょう》に一度《いちど》もらえるかどうか分《わ》からないビッグ賞《しょう》をこんなに早《はや》くもらえてさ……、アークに感謝《かんしゃ》しろよ」

「ほんと、ほんとう。アークに感謝《かんしゃ》のキッスしてやれよ、思《おも》いっきり」

「いくら筑紫《ちくし》ががんばって鼻《はな》の穴《あな》ふくらませて検査《けんさ》したってさ、耳《みみ》かき一杯分《いっぱいぶん》のマリファナも見《み》つけ出《だ》せないもんなー。アークに感謝《かんしゃ》、アークの鼻《はな》に感謝《かんしゃ》」

貢《みつぐ》さんは、三人《にん》の仲間《なかま》からのお祝《いわ》いだか、からかいだか分《わ》からない言葉《ことば》を聞《き》きながら、デレっと目《め》を細《ほそ》めているばかりでした。

(アーク、ありがと。おれ、これからもがんばるから、アークも頼《たの》むぜ)

夜遅《よるおそ》くベッドへ入《はい》ってから貢《みつぐ》さんは心《こころ》の底《そこ》から思《おも》いました。

16 アーク、元気《げんき》でがんばれよ

二〇〇二年《ねん》、正月休《しょうがつやす》みを終《お》えた貢《みつぐ》さんとアークの元気《げんき》な姿《すがた》が成田空港《なりたくうこう》にありました。息《いき》のぴったり合《あ》った検査作業《けんささぎょう》を遠《とお》くから見《み》ているふたりの人《ひと》がいます。藤田《ふじた》さんと内田《うちだ》さんです。

「いい。立派《りっぱ》なハンドラーになってくれたね」

「ええ。こんなに早《はや》くここまでくるとは……、インストラクターとしては花丸《はなまる》です」

藤田《ふじた》さんと内田《うちだ》さんが満足《まんぞく》そうな顔《かお》で話《はな》し合《あ》っています。

貢《みつぐ》さんは東京《とうきょう》ダルクへ行《い》ってスタッフの人《ひと》から聞《き》いた話《はなし》と、もらってきた本《ほん》を読《よ》んで、中学生《ちゅうがくせい》や高校生《こうこうせい》たちに薬物《やくぶつ》が広《ひろ》がっていくことが心配《しんぱい》で、いつも頭《あたま》から離《はな》れられなくなっていました。

仕事《しごと》を終《お》えて、疲《つか》れた体《からだ》で部屋《へや》にもどってテレビをつけると、画面《がめん》に「外国人《がいこくじん》による麻薬《まやく》の密売《みつばい》広《ひろ》がる」というタイトルで、中高生《ちゅうこうせい》たちに売《う》ろうとしているシーンが映《うつ》し出《だ》されます。そんな時《とき》、貢《みつぐ》さんは決《き》まって額《ひたい》にしわを寄《よ》せたり、くちびるをキッとかんだりして見《み》ています。顔全体《かおぜんたい》が怒《いか》りでとても怖《こわ》くなっています。時《とき》には、テレビの画面《がめん》に向《む》かってどなってしまうこともありました。

「まだ良《よ》い悪《わる》いの判断《はんだん》が満足《まんぞく》にできない子供《こども》たちを誘惑《ゆうわく》して、たくさん金《かね》を儲《もう》けて、さいごには中毒患者《ちゅうどくかんじゃ》や犯罪者《はんざいしゃ》にするなんてこと、絶対《ぜったい》に許《ゆる》せない。そんな悪《わる》い大人《おとな》は地獄《じごく》へ行《い》け、麻薬《まやく》を売《う》るような外国人《がいこくじん》は日本《にほん》に来《く》るな」

でも、いくら怒《おこ》っても、どなっても〝自分《じぶん》ひとりの力《ちから》では……〟という思《おも》いがすぐに貢《みつぐ》さんの頭《あたま》に浮《う》かんできてしまいます。

（あー、じゃあ、いったいどうしたら子供《こども》たちを守《まも》れるんだ……）

寝返《ねがえ》りをうったり、目《め》を閉《と》じたりして貢《みつぐ》さんは考《かんが》えます。そして、いつしか眠《ねむ》りにつきます。

ある日《ひ》、貢《みつぐ》さんは自分《じぶん》で答《こた》えを見《み》つけられずに悩《なや》み苦《くる》しんでいることを、内田《うちだ》さんに相談《そうだん》しました。

「筑紫君《ちくしくん》……。君《きみ》もそのことで悩《なや》んでいるのか。実《じつ》は、おれも君《きみ》と同《おな》じように悩《なや》んだ時《とき》があったし、やっぱり先輩《せんぱい》に相談《そうだん》したんだよ」

「本当《ほんとう》ですか？　内田《うちだ》さんも？」

「ああ、ほんとうだ」

「それで……」

「答《こた》えは簡単《かんたん》！　人間《にんげん》ひとりの力《ちから》なんてちっぽけなもんだろ？　大《おお》きな力《ちから》があれば押《お》し寄《よ》せてくる薬物《やくぶつ》の波《なみ》を押《お》し返《かえ》すことができる。子供《こども》たちを薬物《やくぶつ》から守《まも》れる、救《すく》えるってことになる。じゃ、大《おお》きな力《ちから》はどこから持《も》ってくるのか。どうすれば大《おお》きくなるのかって考《かんが》えてみろよ。それは、今《いま》、税関《ぜいかん》の一員《いちいん》として任《まか》せられた自分《じぶん》の仕事《しごと》を精一杯《せいいっぱい》やりきること。一人《ひとり》ひとりがそうなれば、一つに集《あつ》まったらすごく大《おお》きな力《ちから》になる。

つまり、城《しろ》を守《まも》るために造《つく》られた石垣《いしがき》の塀《へい》と同《おな》じってことさ。城《しろ》を守《まも》っているのは石垣《いしがき》と水《みず》を引《ひ》いてきた堀《ほり》だろ？　子供《こども》たちが城《しろ》ならば守《まも》ってやるのは税関《ぜいかん》という水《みず》の堀《ほり》と、石垣《いしがき》というおれたち税関《ぜいかん》の職員《しょくいん》じゃないか、わかった？」

「わかりました！　本当《ほんとう》にそうですね。ありがとうございました」

内田《うちだ》さんの答《こた》えに貢《みつぐ》さんは大《おお》きな声《こえ》でお礼《れい》を言《い》いました。

（よーし！　今《いま》からおれは悩《なや》まない！　思《おも》いっきり自分《じぶん》の仕事《しごと》をやりぬくぞ）

貢《みつぐ》さんは目《め》をキラキラ輝《かがや》かせて、元気《げんき》よく内田《うちだ》さんに頭《あたま》を下《さ》げました。

冬《ふゆ》が去《さ》り、春《はる》がやってきました。春《はる》になると人《ひと》の心《こころ》はだれでもウキウキしてきます。成田空港《なりたくうこう》もお客《きゃく》さんの数《かず》がぐんと増《ふ》えます。

今《いま》や海外《かいがい》へ出《で》かける日本人《にほんじん》は一年間《ねんかん》に一千万人《せんまんにん》を越《こ》えますし、外国《がいこく》からやってくる人《ひと》も三百万人《ひゃくまんにん》以上《いじょう》と増《ふ》えてきています。ということは、薬物《やくぶつ》が密輸《みつゆ》される機会《きかい》もそれだけ多《おお》くなってしまいます。

六月《がつ》も終《お》わろうとする日《ひ》、貢《みつぐ》さんは藤田《ふじた》さんに呼《よ》ばれました。

「七月一日付《がつついたちづけ》で、筑紫君《ちくしくん》は長崎税関《ながさきぜいかん》に勤《つと》めること。税関長《ぜいかんちょう》から命《めい》じられたから……」

藤田《ふじた》さんは貢《みつぐ》さんに職場《しょくば》の異動《いどう》を告《つ》げました。

「筑紫君《ちくしくん》が長崎《ながさき》の出身《しゅっしん》であることを税関長《ぜいかんちょう》はきっと考《かんが》えてくれたんだと思《おも》うんだ。成田《なりた》よりお父《とう》さんやお母《かあ》さんのいる故郷《こきょう》が近《ちか》いところで働《はたら》いたほうがいいだろう。よかったじゃないか」

「ええ。それはありがたいと思《おも》います。……けど」

「けどって？」

「アークといっしょでしょうか？」

「いや、アークは規則《きそく》で成田《なりた》に残《のこ》らなきゃいけないことになっている」

「えっ！　じゃ、アークと別《わか》れるんですか？」

「筑紫君《ちくしくん》のアークへの気持《きも》ちはわかる。だが、規則《きそく》だから、君《きみ》とアークだけは特別《とくべつ》ってわけにはいかんのだよ、わかってくれ」

「……」

貢《みつぐ》さんはしばらく黙《だま》っていましたが、「わかりました」と小《ちい》さな声《こえ》で藤田《ふじた》さんに頭《あたま》を下《さ》げると部屋《へや》を出《で》ていきました。

その夜《よる》、貢《みつぐ》さんは眠《ねむ》れませんでした。ベッドに腰《こし》をおろしてテーブルの上《うえ》に目《め》をやると、小《ちい》さな写真立《しゃしんた》ての中《なか》で笑《わら》っている貢《みつぐ》さんとアークが写《うつ》っています。壁《かべ》に目《め》を移《うつ》すと、仲間《なかま》が撮《と》ってくれた授賞式《じゅしょうしき》の時《とき》の貢《みつぐ》さんとアークの写真《しゃしん》が額《がく》に入《い》れて飾《かざ》られています。

（アーク……）

貢《みつぐ》さんは心《こころ》の中《なか》でアークの名前《なまえ》を呼《よ》びました。訓練《くんれん》の休憩中《きゅうけいちゅう》の写真《しゃしん》のアークも、授賞式《じゅうしょうしき》を終《お》えて犬舎《けんしゃ》の前《まえ》でキリッとした顔《かお》のアークも返事《へんじ》をしてくれません。

（別《わか》れて長崎《ながさき》か……）

ため息《いき》をついて目《め》を閉《と》じた貢《みつぐ》さんの頭《あたま》の中《なか》に、美《うつく》しい故郷《こきょう》・島原半島《しまばらはんとう》の深江町《ふかえちょう》の景色《けしき》が浮《う》かんできました。

大好《だいす》きな有明《ありあけ》の海《うみ》を行《い》きかう観光船《かんこうせん》やフェリー、お父《とう》さんと何回《なんかい》も登《のぼ》った雲仙普賢岳《うんぜんふげんだけ》の春《はる》や夏《なつ》の山景色《やまげしき》、お母《かあ》さんの作《つく》ってくれたおいしい料理《りょうり》のいろいろ、貴子《たかこ》さんと遊《あそ》んだ草原《そうげん》……。さつまいもとヤマイモをまぜて、うどんのようにして食《た》べる深江町《ふかえちょう》の名物料理《めいぶつりょうり》『六兵衛《ろくべえ》』のおいしい思《おも》い出《で》も浮《う》かびました。

（長崎税関《ながさきぜいかん》で働《はたら》けば友達《ともだち》ともいつでもすぐ会《あ》える、そういうことでは大変《たいへん》ありがたい。税関長《ぜいかんちょう》に感謝《かんしゃ》しなくてはいけないんだ。でも……、アークと別《わか》れるっていうのはなあ、つらいなあ）

貢《みつぐ》さんは壁《かべ》に飾《かざ》られた額《がく》の中《なか》のアークを見《み》つめました。貢《みつぐ》さんと並《なら》んで正面《しょうめん》を向《む》いているアークは、いつものように口《くち》を少《すこ》し開《あ》け〝ハァハァ〟と荒《あら》い息《いき》づかいをしています。

（アーク……）

見《み》つめる貢《みつぐ》さんの目《め》に涙《なみだ》がこみあげてきてアークの顔《かお》がぼやけました。

「アーク」

貢《みつぐ》さんがつぶやいて閉《と》じた目《め》から涙《なみだ》がこぼれ落《お》ちました。

七月一日《がっついたち》の朝《あさ》――。

貢《みつぐ》さんは運動場《うんどうじょう》での散歩《さんぽ》を終《お》えてから、いつもの木《き》の下《した》で腰《こし》をおろしてアークに、転勤《てんきん》することを話《はな》しました。

「……ということで、アークとは今日《きょう》でお別《わか》れなんだ。アークといっしょに働《はたら》いた一年間《ねんかん》は決《けっ》して忘《わす》れない」

アークの目《め》が貢《みつぐ》さんの目《め》をジッと見《み》つめます。

「アーク、さよならだ」

アークの瞳《ひとみ》に貢《みつぐ》さんの顔《かお》が大《おお》きく映《うつ》っています。その顔《かお》はもう悲《かな》しんでいる貢《みつぐ》さんの顔《かお》ではなく、仕事《しごと》の時《とき》と同《おな》じ元気《げんき》いっぱい、やる気《き》いっぱいの顔《かお》でした。

貢《みつぐ》さんがズボンのポケットから財布《さいふ》を取《と》りだして、一枚《まい》の写真《しゃしん》を抜《ぬ》いてアークに見《み》せました。深江町《ふかえちょう》の貢《みつぐ》さんの家《いえ》で飼《か》っている愛犬《あいけん》ララの写真《しゃしん》です。長崎税関《ながさきぜいかん》で働《はたら》いた時《とき》から貢《みつぐ》さんがいつも財布《さいふ》の中《なか》に入《い》れて持《も》ち歩《ある》いていた写真《しゃしん》で、何《なに》かつらいことがあった時《とき》はこのララの写真《しゃしん》を見《み》て自分《じぶん》を励《はげ》ましていたのです。

「長崎《ながさき》へ行《い》けばララとはいつでも会《あ》える、これからはアークの写真《しゃしん》を入《い》れてがんばるよ。アーク、本当《ほんとう》にありがとう」

貢《みつぐ》さんの差《さ》し出《だ》した手《て》のひらに、アークが右《みぎ》の前足《まえあし》を乗《の》せました。握手《あくしゅ》をしたままアークは貢《みつぐ》さんの顔《かお》を瞳《ひとみ》の中《なか》から放《はな》しません。

「……さよなら、アーク。もう行《い》かなきゃ。元気《げんき》でな」

犬舎《けんしゃ》にアークを入《い》れて廊下《ろうか》に出《で》た貢《みつぐ》さんは、小《ちい》さな声《こえ》をかけると犬舎《けんしゃ》の外《そと》へ出《で》ました。

センターの玄関先《げんかんさき》にとめてあった車《くるま》に乗《の》った貢《みつぐ》さんがエンジンをかけたその時《とき》、犬舎《けんしゃ》の中《なか》から〝ワン！〟と一回《かい》だけアークのほえ声《ごえ》が聞《き》こえてきました。アークが貢《みつぐ》さんにサヨナラを言《い》ってくれたのです。

アークからの最後《さいご》の〝返事《へんじ》〟を聞《き》いた貢《みつぐ》さんは、ニコッと笑《わら》いながら犬舎《けんしゃ》をふり返《かえ》ると、アクセルを踏《ふ》みました。

センターから出《で》た貢《みつぐ》さんの車《くるま》が二十時間《じかん》をかけて向《む》かう先《さき》は、なつかしい長崎《ながさき》・深江町《ふかえちょう》の故郷《こきょう》と、新《あたら》しい職場《しょくば》の長崎税関麻薬探知犬管理《ながさきぜいかんまやくたんちけんかんり》センターです。

カッと照《て》りつけた初夏《しょか》の日差《ひざ》しの中《なか》、貢《みつぐ》さんの車《くるま》は成田空港《なりたくうこう》のすぐ横《よこ》の道路《どうろ》を走《はし》ります。運転《うんてん》する貢《みつぐ》さんの助手席《じょしゅせき》には、アークが写《うつ》った写真立《しゃしんた》てと、アークと貢《みつぐ》さんがいっしょに写《うつ》った写真《しゃしん》の額《がく》が置《お》かれていました。

七月八日《がつようか》、貢《みつぐ》さんは長崎税関《ながさきぜいかん》で新《あたら》しくコンビを組《く》むために待《ま》っていたメスのシェパード犬《けん》の「マール号《ごう》」と訓練《くんれん》を始《はじ》めました。制服《せいふく》の胸《むな》ポケットの中《なか》に入《い》れた職員手帳《しょくいんてちょう》には、アークの写真《しゃしん》がはさんでありました。

あとがき

麻薬類《まやくるい》はぜったいダメ

毎日《まいにち》のテレビニュースや新聞《しんぶん》を見《み》るのが怖《こわ》くなってしまいます。今《いま》の日本《にほん》は、想像《そうぞう》できなかったほどの犯罪国《はんざいこく》になってしまったとつくづく思《おも》います。

わたしが怒《いか》り腐心《ふしん》しているのは国内《こくない》の犯罪《はんざい》の多発《たはつ》と増加《ぞうか》、残忍《ざんにん》きわまりない生命《せいめい》軽視《けいし》の殺人事件《さつじんじけん》などを含む犯罪《はんざい》の内容《ないよう》ですが、特《とく》にやりきれない思《おも》いで心《こころ》を痛《いた》めているのは少年犯罪《しょうねんはんざい》のいちじるしい増加《ぞうか》と低年齢化《ていねんれいか》で、二年前《ねんまえ》の警視庁《けいしちょう》の調《しら》べでは一五万件《まんけん》を越《こ》えているとのことです。

小学生《しょうがくせい》のうちから始《はじ》まる万引《まんび》きや、中学生《ちゅうがくせい》のいじめや、オーバーヒートした集団《しゅうだん》による殺人《さつじん》、日常茶飯事《にちじょうさはんじ》になった中高生《ちゅうこうせい》などによる引《ひ》ったくりや強盗《ごうとう》など、とても「少年《しょうねん》」とは思《おも》えない犯罪行為《はんざいこうい》の数々《かずかず》に唖然《あぜん》とし憤怒《ふんど》の激情《げきじょう》にかられているのは、わたしだけではないと確信《かくしん》しております。

もし、犯罪《はんざい》を犯《おか》して捕《つか》まった少年《しょうねん》に「大人《おとな》だって」と言《い》われたら、わたしたち大人《おとな》も返《かえ》す言葉《ことば》がないほど、確《たし》かに一般成人《いっぱんせいじん》の犯罪《はんざい》の数《かず》も増《ふ》えていますし、残忍《ざんにん》きわまりない殺人犯《さつじんはん》や、社会人《しゃかいじん》としてのモラルがいちじるしく欠落《けつらく》した悪《わる》い人間《にんげん》の数《かず》も激増《げきぞう》しています。


本書《ほんしょ》の執筆《しっぴつ》を思《おも》い立《た》ったのは、国際的犯罪《こくさいてきはんざい》でもある麻薬《まやく》・覚醒剤《かくせいざい》が、恐《おそ》るべき早《はや》さで少年少女《しょうねんしょうじょ》の低年齢層《ていねんれいそう》にまで広《ひろ》がってきているということに耐《た》え難《がた》い危惧《きぐ》の念《ねん》を抱《いだ》いていたからです。

麻薬《まやく》・覚醒剤《かくせいざい》は常習化《じょうしゅうか》することによって、人《ひと》の身《み》も心《こころ》もボロボロにするばかりか、犯罪《はんざい》へも駆《か》り立《た》ててしまいます。

一般《いっぱん》に薬物《やくぶつ》といわれているのはコカイン（クラック）、覚醒剤《かくせいざい》（スピード）、大麻《たいま》（マリファナ）、向精神薬《こうせいしんやく》などの類《たぐい》ですが、今《いま》、中学生《ちゅうがくせい》や高校生《こうこうせい》の低年齢層《ていねんれいそう》のあいだに急速《きゅうそく》に広《ひろ》がっています。

厚生労働省《こうせいろうどうしょう》では「薬物《やくぶつ》はダメ」とアピールするだけで、やってしまったばかりの人《ひと》を指導《しどう》するシステムや、すでに中毒者《ちゅうどくしゃ》になった人《ひと》の更生《こうせい》、療養施設《りょうようしせつ》を構築《こうちく》していないのが現状《げんじょう》です。

仮《かり》に、ある高校生《こうこうせい》の麻薬吸引《まやくきゅういん》が発覚《はっかく》すれば、おおむねは退学処分《たいがくしょぶん》になるでしょうし、成人《せいじん》が「わたしは薬物《やくぶつ》をやっています」と警察《けいさつ》へ出頭《しゅっとう》すれば、即犯罪者《そくはんざいしゃ》として逮捕《たいほ》されます。

学舎《がくしゃ》を追《お》われ、社会《しゃかい》から追《お》われた吸引者《きゅういんしゃ》や常習者《じょうしゅうしゃ》はどうすればいいのか……、反省《はんせい》の自覚《じかく》を持《も》ったとしても正《ただ》しく指導《しどう》するところもなければ、中毒患者《ちゅうどくかんじゃ》（薬物《やくぶつ》依存症《いぞんしょう》）にまで至《いた》った人《ひと》の体《からだ》を根治《こんち》してくれる施設《しせつ》はないのです。日本《にほん》の薬物《やくぶつ》における現状《げんじょう》を考《かんが》えると背筋《せすじ》が凍《こお》る思《おも》いがします。

唯一存在《ゆいいつそんざい》するのが民間《みんかん》の「ダルク」という組織《そしき》ですが、あくまで薬物《やくぶつ》をやめたい仲間《なかま》の手助《てだす》けをすることを目的《もくてき》に運営《うんえい》されているところで、法《ほう》に添《そ》った更生施設《こうせいしせつ》でも専門病院《せんもんびょういん》でもないのです。

では、前述《ぜんじゅつ》の人《ひと》たちはどうしたらよいのか？　自分自身《じぶんじしん》と闘《たたか》いながら一日《にち》も早《はや》く薬物《やくぶつ》を断《た》ち切《き》るしかないのです。通常《つうじょう》、薬物《やくぶつ》を始《はじ》めたことが周囲《しゅうい》の人《ひと》に分《わ》かると友人《ゆうじん》、知人《ちじん》はその人《ひと》から離《はな》れていきます。さらに、やめられないで常習化《じょうしゅうか》してくると恋人《こいびと》や親《おや》、兄弟《きょうだい》を含《ふく》めた家族《かぞく》も離《はな》れ、やがてひとりになってしまいます。

常習化《じょうしゅうか》すると薬物《やくぶつ》を買《か》うためのお金《かね》が必要《ひつよう》になり、相応《そうおう》に金額《きんがく》もふくらみます。したがってこういう「薬物依存症《やくぶついぞんしょう》」といわれる人《ひと》たちが犯罪者《はんざいしゃ》になったり、家族《かぞく》を苦《くる》しめることになるのです。

依存症《いぞんしょう》の人《ひと》は（薬物《やくぶつ》を絶《た》ちたい、全《まっと》うな社会人《しゃかいじん》に戻《もど》りたい）と、もがき苦《くる》しんでも「ひとりで」立《た》ち直《なお》るしかないのです。薬物《やくぶつ》の「やめさせない」という魔力《まりょく》はあまりにも強大《きょうだい》で、蟻地獄《ありじごく》へ落《お》ちて這《は》い上《あ》がろうとするアリに、すり鉢状《ばちじょう》の巣《す》の底《そこ》から「コレデモカ、コレデモカ」と砂《すな》をかけて落下《らっか》させられる図《ず》とまったく同《おな》じです。自力《じりき》で這《は》い上《あ》がれるアリ、つまり依存症《いぞんしょう》から立《た》ち直《なお》った人《ひと》の数《かず》はきわめて少数《しょうすう》と聞《き》きます。それほどに薬物《やくぶつ》は恐《おそ》ろしく、取《と》り返《かえ》しのつかない人生《じんせい》に誘《さそ》い込《こ》んでしまうものと認識《にんしき》します。

薬物吸引《やくぶつきゅういん》をした中学生《ちゅうがくせい》一〇〇〇人《にん》のうちその九割《わり》が、「始《はじ》めるきっかけは?」という問《と》いに、仲間《なかま》と喫煙《きつえん》しているうちにその一人《ひとり》がある日《ひ》シンナーの類《たぐい》を持参《じさん》したのが始《はじ》まりだ——と答《こた》えたということです。

「赤信号《あかしんごう》みんなで渡《わた》れば怖《こわ》くない」式《しき》に、集団喫煙《しゅうだんきつえん》が薬物汚染《やくぶつおせん》の始《はじ》まりということでしょう。

海外旅行《かいがいりょこう》や留学先《りゅうがくさき》からでも麻薬《まやく》を持《も》ち帰《かえ》れる、街《まち》を歩《ある》けば簡単《かんたん》に買《か》える、今《いま》やインターネットからでも即購入《そくこうにゅう》できる——という恐《おそ》ろしい時代《じだい》です。

本書《ほんしょ》は、大量《たいりょう》の薬物《やくぶつ》が日本《にほん》を襲《おそ》う——という厳《きび》しい現況《げんきょう》に立《た》ち向《む》かい、薬物《やくぶつ》の流入《りゅうにゅう》を完全阻止《かんぜんそし》するために警察《けいさつ》とともに闘《たたか》っている取締機関《とりしまりきかん》である東京税関《とうきょうぜいかん》と同麻薬探知犬訓練《どうまやくたんちけんくんれん》センターの全面協力《ぜんめんきょうりょく》により、現場《げんば》の最前線《さいぜんせん》で「人犬一体《じんけんいったい》」となって活躍《かつやく》する「筑紫貢《ちくしみつぐ》ハンドラーとアーク号《ごう》」のドキュメントです。

全国各地《ぜんこくかくち》の税関《ぜいかん》で働《はたら》く麻薬探知犬《まやくたんちけん》は約《やく》一〇〇頭《とう》ほどですが、アーク号《ごう》は東京税関《とうきょうぜいかん》で働《はたら》いている三五頭《とう》の中《なか》の一頭《とう》です。

ハンドラーと麻薬探知犬《まやくたんちけん》は通常《つうじょう》、午前《ごぜん》八時《じ》三〇分《ぷん》から午後《ごご》四時《じ》三〇分《ぷん》までの間《あいだ》に、午前《ごぜん》二回《かい》、午後《ごご》三回《かい》の計《けい》五回《かい》の検査作業《けんささぎょう》をするのが日課《にっか》です。数多《かずおお》くの訓練所《くんれんじょ》から選《えら》び抜《ぬ》かれた候補犬《こうほけん》は同《どう》センターで厳《きび》しい訓練《くんれん》の後《あと》に審査《しんさ》され、「合格《ごうかく》」した犬《いぬ》が晴《は》れて麻薬探知犬《まやくたんちけん》になり、人間《にんげん》の嗅覚《きゅうかく》の数万倍《すうまんばい》という驚異的《きょういてき》な嗅覚《きゅうかく》を「武器《ぶき》」にして働《はたら》くわけです。

ハンドラーは巧《たく》みな技術《ぎじゅつ》をもってその犬《いぬ》の能力《のうりょく》を効率《こうりつ》よく引《ひ》き出《だ》して探索結果《たんさくけっか》を出《だ》さなくてはなりません。したがって人《ひと》と犬《いぬ》との絆《きずな》、信頼関係《しんらいかんけい》が絶対条件《ぜったいじょうけん》になるわけで、特殊《とくしゅ》な感性《かんせい》と努力《どりょく》とを持《も》ち合《あ》わせていないと務《つと》まりません。

人類《じんるい》と犬《いぬ》との共生《きょうせい》の歴史《れきし》は一万《まん》三千年《ぜんねん》ほど前《まえ》にさかのぼります。共生《きょうせい》の原点《げんてん》は犬《いぬ》の持《も》っているさまざまな能力《のうりょく》を人《ひと》が家畜《かちく》として利用《りよう》できたことです。古《ふる》くは狩猟《しゅりょう》における猟犬《りょうけん》、大型犬《おおがたけん》の力《ちから》を利用《りよう》した荷物運搬《にもつうんぱん》、犬《いぬ》ぞり犬《けん》、牧羊犬《ぼくようけん》、近年《きんねん》になっては軍用犬《ぐんようけん》、警察犬《けいさつけん》、盲導犬《もうどうけん》、聴導犬《ちょうどうけん》、介助犬《かいじょけん》、セラピードッグ、そして警察犬《けいさつけん》から独立《どくりつ》したかたちの麻薬探知犬《まやくたんちけん》など、多方面《たほうめん》において人《ひと》は犬《いぬ》のすばらしい能力《のうりょく》をうまく利用《りよう》し、「使役犬《しえきけん》」としてきました。

もちろん、現今《げんこん》のドッグブームにみるペットとしての犬《いぬ》の存在《そんざい》とその価値《かち》も大変《たいへん》高《たか》いものがあります。

しかし、視点《してん》を変《か》えれば、わたしたちの心《こころ》が癒《いや》されるペットとしての犬《いぬ》を含《ふく》め、わたしたちは犬《いぬ》たちに「助《たす》けられている」と言《い》えるのではないでしょうか。

わたしは愛犬歴《あいけんれき》五六年《ねん》になる犬好《いぬず》き人間《にんげん》のひとりで、わずかばかりの経験《けいけん》と多《おお》くの犬界各位《けんかいかくい》のご協力《きょうりょく》とご支援《しえん》によって、ドッグライターとして、犬本《いぬぼん》ひと筋《すじ》の活動《かつどう》ができることに心《こころ》から感謝《かんしゃ》しておりますが、実《じつ》は併《あわ》せて「犬《いぬ》たちに助《たす》けられている」ことを実感《じっかん》し、犬《いぬ》に感謝《かんしゃ》もしているのです。

本書《ほんしょ》によって、一人《ひとり》でも多《おお》くの低年齢者層《ていねんれいしゃそう》ならびにご両親《りょうしん》、学童教育関係各位《がくどうきょういくかんけいかくい》の方々《かたがた》に「第《だい》三次《じ》覚醒剤乱用期《かくせいざいらんようき》」と叫《さけ》ばれている恐《おそ》ろしい麻薬《まやく》・覚醒剤《かくせいざい》の現実《げんじつ》と、その防御策《ぼうぎょさく》に汗《あせ》している取締機関《とりしまりきかん》の税関《ぜいかん》、摘発《てきはつ》のために現場《げんば》の最前線《さいぜんせん》で汗《あせ》しているハンドラーと麻薬探知犬《まやくたんちけん》の存在《そんざい》とその実態《じったい》を知《し》っていただけたら幸《さいわ》いです。

末筆《まっぴつ》ながら、熱血《ねっけつ》ハンドラー・筑紫貢《ちくしみつぐ》氏と税関長表彰《ぜいかんちょうひょうしょう》の麻薬探知犬《まやくたんちけん》アーク号《ごう》のますますのご精進《しょうじん》とご活躍《かつやく》をお祈《いの》り致《いた》しまして、あとがきの言葉《ことば》と致《いた》します。

本書刊行《ほんしょかんこう》にあたり、左記各位《さきかくい》のご支援《しえん》を賜《たまわ》りました。二年間《ねんかん》にわたる取材《しゅざい》のご協力《きょうりょく》に衷心《ちゅうしん》より感謝《かんしゃ》し、厚《あつ》く御礼申《おんれいもう》し上《あ》げ、誌上《しじょう》に表記《ひょうき》致して謝意《しゃい》とさせていただきます。　合掌《がっしょう》

二〇〇三年五月　記

著　者

（敬称略《けいしょうりゃく》）

◇鎌倉第《かまくらだい》二警察犬訓練所《けいさつけんくんれんじょ》　所長《しょちょう》・公認一等訓練士《こうにんいっとうくんれんし》　古屋昭彦《ふるやあきひこ》

◇警察犬大場訓練所《けいさつけんおおばくんれんじょ》　所長《しょちょう》・公認一等訓練士《こうにんいっとうくんれんし》　大場伸昭《おおばのぶあき》

◇東京税関監視部《とうきょうぜいかんかんしぶ》・麻薬探知犬訓練《まやくたんちけんくんれん》センター

◇東京税関《とうきょうぜいかん》・税関広報室《ぜいかんこうほうしつ》

◇東京《とうきょう》ダルク　代表《だいひょう》　幸田実《こうだみのる》

税関《ぜいかん》の仕事《しごと》と薬物押収《やくぶつおうしゅう》について

税関は財務省《ざいむしょう》に属《ぞく》する機関《きかん》で、北から函館《はこだて》、東京《とうきょう》、横浜《よこはま》、名古屋《なごや》、大阪《おおさか》、神戸《こうべ》、門司《もじ》、長崎《ながさき》、沖縄《おきなわ》の９税関が設置《せっち》されています。

税関の起源《きげん》は、約《やく》150年前、徳川幕府《とくがわばくふ》が嘉永《かえい》６年(1853年)に鎖国《さこく》を解《と》き、横浜などの５港《こう》(横浜・長崎・箱館《はこだて》・兵庫《ひょうご》・新潟《にいがた》)を開港《かいこう》し、ここに、外国《がいこく》人および貿易《ぼうえき》に関《かん》する事務《じむ》を受《う》け持つ目的《もくてき》で「運上所《うんじょうしょ》」を設置した時にさかのぼります。明治《めいじ》５年(1872年)11月28日、その「運上所」を「税関」と呼《よ》び名《な》を変《か》えて今日《こんにち》にいたっています。

管轄区域《かんかつくいき》

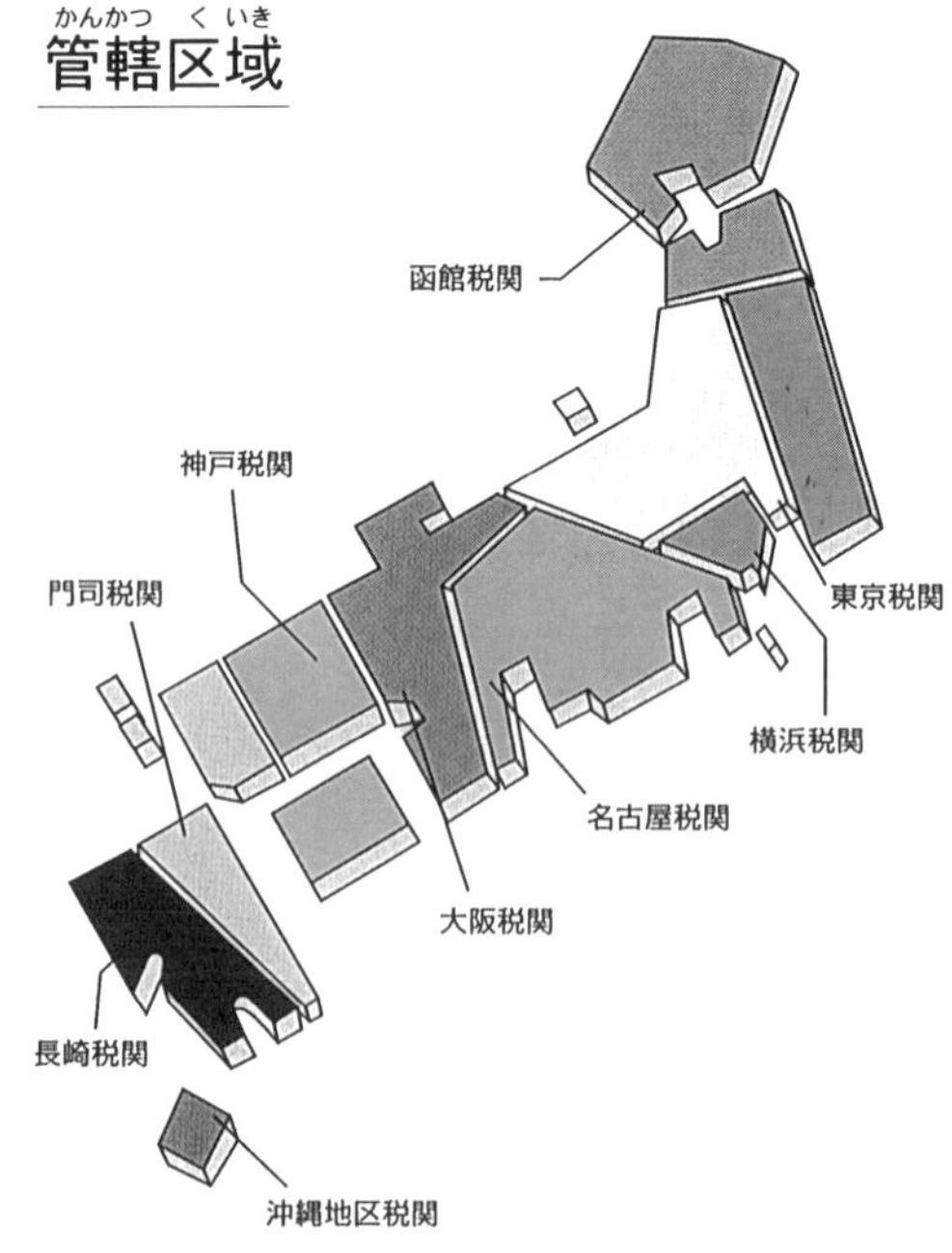

税関の仕事《しごと》を大きく分《わ》けると、次《つぎ》の４つになります。

①密輸《みつゆ》の取《と》り締《し》まり

港《みなと》や空港《くうこう》などで、けん銃《じゅう》・覚《かく》せい剤《ざい》・大麻《たいま》など（税関では「社会悪物品《しゃかいあくぶっぴん》」と呼んでいます）を取り締《し》まります。

②輸出入《ゆしゅつにゅう》される貨物《かもつ》の通関《つうかん》

正しい手続《てつづ》きが行《おこ》なわれているかどうかの審査《しんさ》や貨物の検査《けんさ》をします。

③税金《ぜいきん》の徴収《ちょうしゅう》

輸入品《ゆにゅうひん》にかかる関税《かんぜい》や消費税《しょうひぜい》などを徴収します。

④保税地域《ほぜいちいき》の許可《きょか》など

輸出入する貨物を置《お》く地域（保税地域といいます）の許可や貨物の取り締まりをします。

麻薬探知犬たちはその中で、密輸《みつゆ》の取《と》り締《し》まりで活躍《かつやく》しています。

全国の税関で押収《おうしゅう》した不正薬物《ふせいやくぶつ》の量《りょう》は次ページの表《ひょう》の通《とお》りです。2002年の押収量をお金に換算《かんさん》すると、およそ304億円《おくえん》にのぼります。このうち、麻薬探知犬が関与《かんよ》したものはかなりの量になってきており、麻薬探知犬は麻薬摘発《てきはつ》には欠《か》かせない大切《たいせつ》なパートナーです。

このほかに、日本に持ちこむことのできない不正商品《ふせいしょうひん》（ブランドバッグなどの偽物《にせもの》：コピー商品）や絶滅《ぜつめつ》のおそれのある野生動植物《やせいどうしょくぶつ》（ワシントン条約《じょうやく》）の取り締《し》まりなども行なっていて、税関の仕事はとても数多《かずおお》く複雑《ふくざつ》です。

税関では、社会生活《しゃかいせいかつ》の安全《あんぜん》と健康《けんこう》を破壊《はかい》する、けん銃《じゅう》や薬物《やくぶつ》の密輸入《みつゆにゅう》を防止《ぼうし》するため、皆様《みなさま》から密輸入に関《かん》する情報《じょうほう》の提供《ていきょう》を求《もと》めています。

主《おも》な「不正《ふせい》薬物《やくぶつ》」摘発《てきはつ》実績《じっせき》一覧表《いちらんひょう》 （2003年1月23日）

種　　類		1998年	1999年	2000年	2001年	2002年
覚せい剤	件	37	39	57	42	20
	kg	544	1450	886	202	408
大　麻	件	266	255	303	214	276
	kg	281	723	485	797	476
大麻草	件	184	155	217	166	191
	kg	80	529	343	744	261
大麻樹脂	件	82	100	86	48	85
	kg	201	193	143	53	215
ヘロイン	件	18	13	14	11	15
	kg	4	1	6	5	19
コカイン	件	19	10	12	7	12
	kg	16	4	7	18	14
あへん	件	11	8	5	2	3
	kg	18	7	5	8	2
ＭＤＭＡ（合成麻薬）	件	11	26	36	44	35
	千錠	11	18	85	118	172
向精神薬	件	230	167	89	96	89
	千錠	136	141	62	90	60
合　計	件	592	518	516	416	450
	kg	863	2186	1389	1030	918
	千錠	147	159	147	208	233
使用回数	万回	2144	5178	3261	1007	1884

数字は摘発ベースものであり、税関が摘発した密輸事件に係わる押収量のほか、警察など他機関が摘発した事件で税関が関与したものに係わる押収量を含む。使用回数は、乱用者の通常の１回分使用量をもとに換算したものである。

様々な麻薬類
Drugs

▼ヘロイン　Heroin

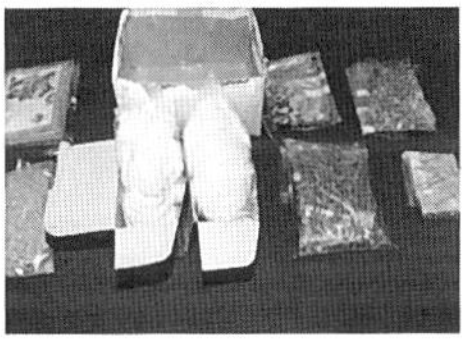

▼覚せい剤　Amphetamine

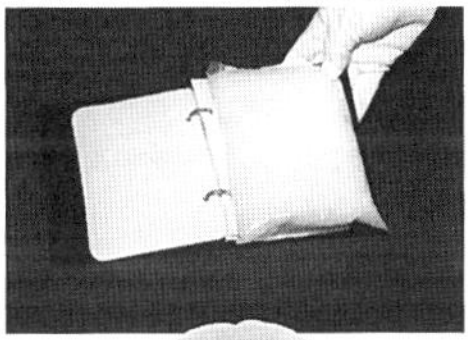

▼大麻　Marijuana

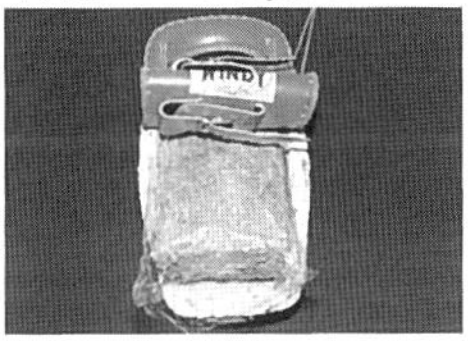

▼コカイン　Cocain

税関イメージキャラクター
「カスタム君」
A Customs Mascot
"Customkun"

▼向精神薬　Psychotropic substances

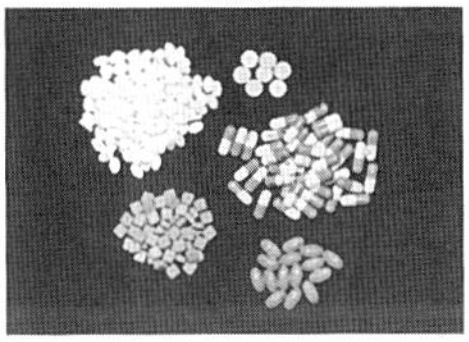

▼大麻樹脂　Hashishi

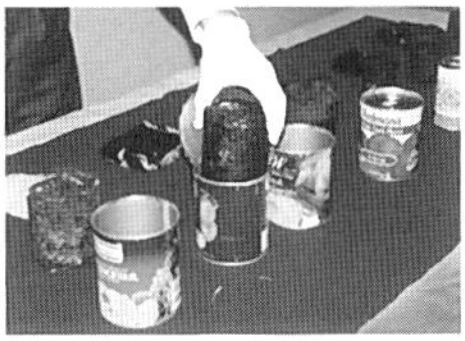

▼アヘン　Opium

密輸ダイヤル
HOT LINE

許しません白い粉
通しませんい黒い武器

☎0120-461《シロイ》-961《クロイ》

けん銃や麻薬に関する情報があれば、税関にお寄せください。
Please Dial and inform us of anything you know.
That will really help us uncover the smuggling of guns,drugs,etc.

●作者紹介　桑原崇寿（くわばら　たかし）
1941年、東京生まれ。愛犬歴56年のドッグライター。現在ラブラドール犬１頭と柴犬１頭、ミックス犬１頭と暮らしている。イラスト・出版業（有）タックイメージング経営。作品に「捨て犬ポンタの遠い道」「３本足のタロー」「実験犬ラッキー」「聴導犬捨て犬コータ」「盲導犬チャンピィ」「身障犬ギブのおくりもの」「捨て犬ユウヒの恩返し」「２本足の犬　次朗」（以上ハート出版）、「走れ！　哀犬ナナ」（新日本教育図書）、「がんばれブライアン」（小学館）、「壮絶捨て犬の母奮闘記」（誠文堂新光社）、「大きな犬を楽しくしつける」（草思社）など多数。

●イラスト／日高康志

麻薬《まやく》探知《たんち》犬《けん》アーク

平成15年６月６日　第１刷発行

ISBN4-89295-288-5　C8093
N.D.C.916／172P／21.6cm

発行者　日高裕明
発行所　ハート出版
〒171-0014　東京都豊島区池袋3-9-23
TEL.03-3590-6077　FAX.03-3590-6078
ハート出版ホームページ　http://www.810.co.jp/

印刷・図書印刷

ドキュメンタル童話・犬シリーズ

日本初の盲導犬を育てた塩屋賢一物語

盲導犬 チャンピィ

●NHKプロジェクトXで話題！
戦後まもない頃、盲導犬の育て方もわからないままチャレンジした人がいた。目隠しをして事故も恐れず体当たりで臨んだ熱血飼育のはてに、日本で最初の盲導犬は生まれた。

4-89295-223-0

桑原崇寿・作

日本初・難病の久美子ちゃんがチャレンジ

介助犬武蔵《むさし》と学校へ行こう

「この子には時間がないんです」お母さんの熱意から、日本で初めて中学生に介助犬の無償貸与が実現した。さまざまな困難を乗り越えながら、介助犬との暮らしに夢と希望があふれてくる。

4-89295-257-5

綾野まさる・作

40年前、和尚さんの命をまもった親子犬物語

昔の「盲導犬」サブ

年老いて目の見えなくなった和尚さんのお供は柴犬。雨の日も凪の日も、野中の道を連れ立って歩く姿はいつしか村の名物になり、新聞にも載った。親犬が老いるとその子犬が後を引き継いでお供を続けた。

4-89295-279-6

新居しげり・作

あなたの「耳」になりたい！

聴導犬捨て犬コータ

●日本図書館協会選定図書・北海道指定図書
耳が不自由な人の「耳」になって働く使役犬。日本ではまだまだ少ない聴導犬に、捨て犬だったコータが果敢に挑戦する。訓練に訓練を重ねた末に国産十頭目が誕生した。

4-89295-219-2

桑原崇寿・作

ドキュメンタル童話・犬シリーズ

なぜ、ボク捨てられたの？

3本足のタロー

●埼玉・栃木推薦図書

右前足のない捨て犬が、熱心な保護活動で救われ、里親にめぐりあい幸せになるまでの軌跡。障害をもったタローですが、ハナコとのあいだに子犬も生まれ立派な父親に。

4-89295-200-1　桑原崇寿・作

君のことはぜったい忘れないよ！

おてんば盲導犬モア

●日本図書館協会選定図書・北海道指定図書

いたずら好きなモアはハーネスをつけたままご主人から離れて、どこかへ行ってしまいました。地元ラジオで「指名手配」もされた盲導犬がくりひろげる楽しい実話。

4-89295-208-7　今泉耕介・作

ボクたち友だちなのに、なぜ？

実験犬ラッキー

動物実験センターから逃げ出したシベリアンハスキー。大学から来た引き取りの魔の手を逃れ、やさしい飼い主の家族になった幸運な犬は、やがて酒屋の店先でリンゴを売る「看板犬」として街の人気者になった。

4-89295-216-8　桑原崇寿・作

吹雪に消えた郵便屋さん

郵便犬ポチの一生

●日本動物愛護協会推薦図書・北海道指定図書

増補改訂版「名犬ポチ物語」　電報がもっとも早い伝達方法だった大正時代。電報を一緒に届けた帰りに猛吹雪にあって倒れた局長を一晩中温め続けた犬、郵便史に残る実話。

4-89295-275-3　綾野まさる・作